LA SABIDURÍA DEL Corazón

Annie Besant

VIDASANA

La sabiduría del Corazón
© Annie Besant, 2022

© Joel Cervantes, traducción

ES UN SELLO EDITORIAL DE

SÉLECTOR

D.R. © Selector, S.A. de C.V. 2024
Doctor Erazo 120, Col. Doctores,
C.P. 06720, Ciudad de México

ISBN: 978-607-453-779-6

Primera edición: enero de 2024

ÍNDICE

TEOSOFÍA

INTRODUCCIÓN

"Teosofía" deriva de los vocablos griegos *theos* (Dios) y *sophia* (sabiduría), por lo tanto, es sabiduría de Dios o sabiduría divina. Los diccionarios la definen como "La demanda por el conocimiento directo de Dios y del espíritu", acepción que, sin ser inexacta, no da sino una idea limitada de lo que la palabra implica, tanto histórica como prácticamente. La obtención de "un conocimiento directo de Dios" es el objetivo ulterior de la teosofía (como veremos al tratar el aspecto religioso de ésta), como el propio corazón y vida de toda religión verdadera; es el "mayor conocimiento, el conocimiento de Él, por medio del cual todas las cosas son conocidas", pero el conocimiento de lo de abajo, el de "todas las cosas" y sus métodos, llenan ampliamente todo el estudio teosófico. Esto es bastante natural porque el conocimiento supremo será ganado por cada uno y poco es lo que pueden hacer otros, salvo señalar el camino, inspirándolo a hacer el esfuerzo y dándole el ejemplo, en tanto que el conocimiento de lo de abajo puede enseñarse en libros, conferencias y conversaciones y es transmisible de la boca al oído.

LOS MISTERIOS

El aspecto interior o esotérico de la religión se encuentra en todas las grandes fes del mundo, declaradas en forma más o menos explícita, pero siempre existentes en el corazón de la religión, más allá del dogma que constituye el ámbito exotérico. Allí donde el aspecto exotérico propone un dogma para el intelecto, el esotérico ofrece una verdad al espíritu; uno se ve y es defendido por la razón y el otro es alcanzado por la intuición —esa facultad "más allá de la razón"— en pos de la cual la filosofía occidental está a tientas; en las religiones que han fenecido se enseñaba en los misterios —en la única forma en que podía enseñarse— y se daban instrucciones acerca de cómo llevar a cabo los métodos que desarrollaran la vida del espíritu más rápidamente de lo que la vida lo hace en su evolución natural y sin ayuda.

Aprendimos de los escritores clásicos que en los misterios desaparecía el miedo a la muerte, y que el objetivo hacia el cual tendían no era hacer a una persona buena (sólo tenían acceso quienes ya eran buenos), sino transformar el hombre bueno en un Dios. Tales misterios existían como el corazón de las religiones de la Antigüedad y desaparecieron de forma gradual en Europa entre la cuarta y la octava centuria, cuando dejaron de existir por deseo de los alumnos. Encontramos numerosos rastros de los misterios cristianos en los primitivos escritos cristianos, especialmente en los de San Clemente de Alejandría, y de origen, con el nombre de los "misterios de Jesús". Aquí se exigía la condición de alta moralidad, como en los misterios griegos: "Aquellos que por un largo tiempo han sido conscientes de no haber cometido transgresión alguna [...] déjalos acercarse".

En el Nuevo Testamento hay indicaciones acerca de su origen y existencia, en el cual se dice que Cristo enseñaba a sus discípulos de forma secreta (a ustedes les son dados a conocer los misterios del reino de Dios, pero a los otros, en parábolas) y, según se dice de origen, estas enseñanzas se daban en los misterios de Jesús. San Pablo declara también que "hablamos sabiduría entre aquellos que son perfectos". "Sabiduría" y "perfectos" son dos términos usados en los misterios.

El islam tiene sus enseñanzas secretas derivadas de Ali, el yerno del profeta Mahoma, que pueden hallarse en la meditación y la disciplina, métodos enseñados entre los sufíes. El budismo tiene su sangha, en la que, siempre mediante la disciplina y la meditación, puede hallarse la verdad interior. El hinduismo, tanto en sus escrituras como en sus creencias actuales, afirma la existencia del conocimiento supremo e inferior; éste último se adquiere por instrucción, y el primero, una vez más, por la meditación y la disciplina en la vida. Esto es lo que hace "esotérico" al supremo conocimiento, no está velado deliberadamente y escondido, sino que no puede impartirse y solamente puede ganarse desarrollando la facultad, el poder de conocer o el modo de la consciencia, latente en todas las personas, pero no desarrollado todavía en el curso de la evolución normal. Se muestra de forma esporádica en el místico, con frecuencia de forma errática, a veces acompañado por histeria, pero, aun así, para el que ve claro y sin prejuicios es una indicación de una nueva apertura en la larga evolución de la consciencia humana. Sale a la superficie a veces por una pureza excepcional: "Los puros de corazón [...] verán a Dios". Su irrupción en la vida ordinaria se ve como una "conversación repentina", como las que registra el profesor James.

La consciencia espiritual es una realidad, su evidencia se encuentra en todas las religiones y está irrumpiendo en muchos hoy en día, como lo ha hecho en todas las épocas. Su evolución sólo puede forzarse en el individuo de manera suave y deliberada, adelantándose a la evolución normal, por la meditación y la disciplina mencionadas. Porque el esoterismo en la religión no es una enseñanza, sino una etapa en la consciencia; no es una instrucción, sino una vivencia. De aquí las quejas de muchos de que es elusivo e indefinido, pero esto es así para quienes no lo han experimentado, porque sólo aquello que ha sido experimentado en la consciencia es conocido para ella. Los métodos esotéricos pueden ser enseñados, pero el conocimiento esotérico hacia el cual conducen, cuando se les sigue y se vive con éxito, deben ser ganados por cada uno. Puede ayudarse a retirar obstáculos para la visión, pero un hombre sólo puede ver con sus propios ojos.

EL SIGNIFICADO PRIMORDIAL

Teosofía es el conocimiento directo de Dios y su búsqueda es el misticismo o esoterismo, común a todas las religiones, dado por aquélla de una forma científica, como en el hinduismo, el budismo, el catolicismo romano y el sufismo. Como estas religiones, enseña de una manera muy clara y definida los métodos para alcanzar el conocimiento directo desarrollando la consciencia espiritual y los órganos a través de los cuales dicha consciencia puede funcionar en nuestro corazón, una vez más, el método de la meditación y la disciplina en la vida. Por lo tanto, es lo mismo que la ciencia del ser, la ciencia de lo eterno, que es el corazón del hinduismo; es "el conocimiento de Dios, que es Vida Eterna", la esencia del cristianismo. No es algo nuevo, pues está en todas las religiones, y así encontramos al eminente orientalista moderno Max Müller, que escribe su bien conocida obra *Teosofía o religión psicológica*.

EL SIGNIFICADO SECUNDARIO

Teosofía, en un sentido secundario (el anterior es el primario) es el cuerpo doctrinario obtenido de separar las creencias comunes a todas las religiones de las especialidades, los ritos y ceremonias y las costumbres que marcan una religión respecto de otra; presenta esas verdades comunes como un consenso con las creencias del mundo y constituye, en su integridad, la religión sabiduría o la religión universal, la fuente de la cual surge cualquier otra religión, el tronco del árbol de la vida del cual salen todas las ramas.

El término "teosofía" que, como dijimos, es griego y fue usado por primera vez por Amonio Saccas en el siglo III d. C., quedó desde entonces en la historia de las religiones occidentales y denota no solamente misticismo, sino también un sistema ecléctico, que acepta la verdad allí donde se encuentre, dándole poca importancia a su contenido exterior. Aparece en la forma presente en América y Europa en 1875, época en que la mitología comparativa se usó como un arma eficaz contra la cristiandad, y, transformándola en una religión comparativa, hizo que los descubrimientos y las investigaciones de anticuarios y arqueólogos fueran bastiones en defensa de los amigos de la religión en lugar de armas de ataque.

14

Mitología comparativa

El desenterramiento de ciudades antiguas, la apertura de viejas tumbas y el traslado de manuscritos arcaicos tanto de religiones muertas como actuales probó el hecho de que todas las grandes religiones que existen y han existido se parecen en sus características más sobresalientes. Sus doctrinas más importantes, los delineamientos de su moralidad, las historias que agruparon en su torno sus fundadores, sus símbolos y ceremonias se parecen estrechamente unos a otros. Los hechos no pueden negarse porque fueron esculpidos en los templos antiguos y escritos en los libros de esa época; se han realizado investigaciones y la evidencia está a la vista. Aun entre las tribus de salvajes más degradados se han encontrado rastros de enseñanzas similares y tradiciones de verdades sagradas tapadas por la crudeza del animalismo y el fetichismo.

¿Cómo explicar estas similitudes?, ¿y su existencia en el cristianismo? "Evolución" era entonces el "ábrete sésamo" de la ciencia, y la respuesta a estas preguntas no se hizo esperar. La religión había evolucionado dada la negra ignorancia de los salvajes primitivos, que personificaban los poderes de la naturaleza que temían en las espléndidas filosofías que dominaron al género humano. De los curanderos entre los salvajes a la glorificación de los fundadores de religiones, las enseñanzas de santos y profetas eran el refinamiento de los balbuceos histéricos de los visionarios semiepilépticos; la síntesis de las fuerzas naturales, producida por el espléndido intelecto humano, fue emocionalmente transformada en Dios. Tal fue la contestación de la mitología comparativa a las alarmantes preguntas de hombres y mujeres que encontraban que sus construcciones de fe cedían y se despedazaban, dejándolos expuestos a los helados vientos de la duda. Al mismo tiempo, quedaba amenazada la inmortalidad, y aunque la intuición susurraba: "No todo lo que hay en mí se muere", la fisiología había capturado la psicología y mostraba el cerebro como el creador de los pensamientos; si el pensamiento nace con el cerebro, crece con él, se enferma con él y decae con él, ¿no debe finalmente morir con él? El agnosticismo creció y floreció. ¿Qué podía saber el hombre más allá de lo que los sentidos pudieran descubrir o de lo que su intelecto pudiera captar? Tal era la condición del pensamiento educado en la última cuarta parte del siglo XIX. Las generaciones más jóvenes difícilmente podrán darse cuenta de este verdadero "eclipse de fe".

Religión comparativa

La teosofía llegó de repente a Europa, estableciendo la gnosis contra el agnosticismo como la religión comparativa contra la mitología comparativa. Declaró que el hombre no había agotado su poder al utilizar sus sentidos y su intelecto porque más allá de ellos estaba la intuición y las evidencias del espíritu; que la existencia de esos poderes era un hecho demostrable; que el testimonio de la consciencia espiritual era tan indudable como el del intelecto y el de los sentidos. Admitió todos los hechos descubiertos por los arqueólogos y anticuarios, pero señaló que eran susceptibles de diferente interpretación que la dada por los enemigos de la religión, y en tanto que los hechos eran eso, hechos, sus explicaciones eran sólo hipótesis. Estableció contra aquellas hipótesis otra igualmente explicativa de los hechos: que la similitud de enseñanzas religiosas, éticas, históricas, de símbolos y ceremonias, e incluso los restos de éstas entre los salvajes, llegaron como derivaciones de todas las religiones desde un centro común, desde una Hermandad de Hombres Divinos, que mandaban a uno de sus miembros al mundo de tiempo en tiempo para fundar una nueva religión, que llevaban las mismas verdades esenciales que las de sus antecesores, pero con variantes en las formas de acuerdo con las necesidades de los tiempos y con las capacidades de las personas para las cuales el Mensajero era enviado.

Era obvio que las dos hipótesis explicaban los hechos, pero ¿cómo decidirse por una de ellas? La teosofía recurrió a la historia y condujo a recordar que los días gloriosos de cada religión fueron siempre sus primeras épocas, y que las enseñanzas de los Mensajeros nunca fueron mejoradas por los que se adhirieron luego a esa fe, lo que habría ocurrido si las religiones se hubieran producido por evolución. La hinduista se funda en los Upanishads; la zoroastriana, en las enseñanzas de sus profetas; la budista, en los dichos del Señor Buda; la hebrea, en Moisés y los profetas; la cristiana, en las enseñanzas del Señor Cristo, y la mahometana, en sus grandes profetas. La literatura de las religiones consiste siempre en comentarios, disertaciones, argumentos y no en nuevos puntos de vista más inspirados que los originales. La inspiración se ve, en los días posteriores, en los dichos de su fundador y en las enseñanzas de sus más inmediatos discípulos (Manu, Vyasa, Zaratustra, Buda, Cristo), figuras que se enseñorean sobre la humanidad y comandan el amor de los hombres generación tras generación. Ellos son los Mensajeros, y las religiones, sus mensajes. La teosofía los señala como prueba de que su hipótesis es la verdadera explicación de estos hechos, los cuales no son más una hipótesis, sino una afirmación confirmada por la historia. Contra esta espléndida coincidencia de los Mensajeros con sus mensajes, la mitología comparativa no puede aportar una simple prueba histórica de una religión que haya evolucionado desde el salvajismo a la espiritualidad y la filosofía; estas hipótesis son desmentidas por la historia.

El punto de vista teosófico está tan ampliamente aceptado en la actualidad que la gente no se percata de cuán difundida estaba la teoría opuesta cuando la teosofía irrumpió en el mundo del pensamiento en 1875, montada sobre su nuevo corcel, la sociedad teosófica. Pero cualquiera que se diera cuenta de las condiciones imperantes podría ir a la literatura de la mitología comparativa, publicada durante el siglo anterior, desde los trabajos voluminosos de Dulaure y Dupuis, pasando por el *Anacalypsis*, de Higgins, a los libros de Hargrave Jennings, Forlon y una docena más que hablaban con un positivismo que conducía al lector a la creencia de que lo que allí se afirmaba estaba basado en hechos que ninguna persona educada debía negar. Los que han buscado en este laberinto durante su juventud, aquellos que se han visto perdidos en estos intrincados e interminables recovecos y que vieron su fe devorada por un minotauro de la mitología comparativa han conocido de lleno, y sólo ellos han podido llegar a conocer, la intensidad del alivio cuando la Ariadna moderna, la más incomprendida y maldecida Helena Petrovna Blavatsky, dio una pista que los guió por el laberinto y los armó con la espada de la "doctrina secreta" con la cual combatir al monstruo.

Es interesante hacer notar, de paso, que el cristianismo antiguo, que creía que toda la humanidad había descendido de Adán, creado en el año 4004 a. C., había preservado la tradición de la revelación primitiva que se le dio a él y que fue llevada por los que lo siguieron a todas partes del globo; el hombre, que había heredado el pecado original de su antecesor ancestral, había corrompido esto, pues restos de ello se encontraron en los granos de verdad escondidos en la cáscara de las religiones "paganas". Estos puntos de vista, sin embargo, a pesar de los gérmenes de verdad que contenían, estaban muy alejados de las personas educadas, que sabían que la raza humana había existido por centenares de miles de años al menos, el lugar de los 6 000 proclamados.

Unidad de las religiones

El resultado de esta posición es que el hecho de la similitud de creencias religiosas es destructivo para cualquier religión que sostiene una posición única y aislada, en la cual está expuesta al ataque desde todos los ángulos, y cuyos argumentos son fácilmente rebatibles. Pero este mismo hecho constituye una defensa cuando todas las religiones están juntas y se presentan como una hermandad, hijas de un solo ascendiente, la sabiduría divina. Este punto de vista resulta el más satisfactorio cuando nos damos cuenta de que cada religión tiene su nota especial y realiza su propia contribución especial a las fuerzas que trabajan en pos de la evolución de la humanidad. A medida que notamos sus diferencias, más allá de sus similitudes, nos damos cuenta de que revelan una parte del plan para la educación humana, de la misma manera que cuando escuchamos un acorde nos percatamos de que hay un maestro músico que combinó las notas con un conocimiento exacto del valor de cada una. El hinduismo proclama la vida única inmanente en todas las cosas y, consecuentemente, la solidaridad de todo y los deberes de cada una con la otra contenida en la palabra intraducible "dharma"; el zoroastrismo remarca la pureza en lo que lo rodea, en el cuerpo, en la mente; el hebraísmo suena como rectitud; Egipto hizo de la ciencia su palabra de poder; el budismo enfatiza en el conocimiento correcto;

Grecia respira belleza; Roma nos habla de leyes; el cristianismo enseña los valores del individuo y exalta el autosacrificio; el islam nos habla de la unidad de Dios. Con toda seguridad, para cada una de ellas el mundo es lo más rico, no se puede separar una joya de la guirnalda de las religiones mundiales. Aparte del grandioso espectáculo de su variada belleza y del valor espiritual de la diversidad, deja en nuestras mentes la sensación de realidad de la Gran Hermandad y su trabajo de guiar la evolución espiritual. La profundidad de la unidad y la exquisitez y el valor de la variedad no pueden ser el resultado de la casualidad o una mera coincidencia, sino de un plan adoptado deliberadamente y llevado a cabo con fortaleza.

Método de estudio

Puesto que el sistema teosófico es una inmensa y abarcadora síntesis de verdades que tratan de Dios, el universo y el hombre y sus relaciones, será mejor dividir su presentación en cuatro apartados, correspondientes a los puntos de vista obvios y racionales para la humanidad. El ser humano puede ser visualizado como poseedor de un cuerpo físico, una naturaleza emocional y un intelecto y, por medio de ellos, él, un espíritu eterno, se manifiesta en este mundo mortal. Estos tres aspectos de la naturaleza humana, como podríamos llamarlos, corresponden a cuatro grandes actividades: ciencia, ética y estética y filosofía.

1. Por medio de los sentidos, el hombre observa los fenómenos a su alrededor y verifica sus observaciones por medio del cerebro; realiza deducciones; encuadra hipótesis, las somete a pruebas mediante la experimentación, y llega al conocimiento de la naturaleza y a la comprensión de sus leyes, de esta manera construye las ciencias, resultados espléndidos del uso inteligente de los órganos del cuerpo físico. La teosofía es, pues, ciencia.

2. La naturaleza emocional del humano muestra deseos y sentimientos, causados por sus contactos con el exterior, que le proporcionan pena o placer, y que, a su vez, producen los deseos, instándolo a reexperimentar el placer y evitar la repetición de la pena. Veremos, cuando tratemos esto, que el profundo resulta-

do de la felicidad sembrada en las criaturas sencientes, conduce finalmente a ponerse en armonía con la ley, o sea, a hacer lo correcto, rehusándose a llevar a cabo lo erróneo. La expresión de la armonía en la vida, en las relaciones con los demás y en la construcción de nosotros mismos es la conducta correcta. La expresión de esta armonía en la materia es la forma correcta o la belleza. La teosofía también es moralidad-arte.

3. El intelecto del hombre demanda que aquello que lo rodea, tanto en lo que se refiere a la vida como a la forma, debe ser entendido por él. Necesita orden, racionalidad y explicación lógica. No puede vivir en un caos sin sufrir. Debe comprender y conocer para existir en paz. La teosofía es también filosofía.

4. Sin embargo, la ciencia, la moralidad-arte y la filosofía no satisfacen completamente nuestra naturaleza. La consciencia religiosa obstruye persistentemente en cualquier nación, clima y edad; se rehúsa a ser silenciada y se alimenta del hollejo de la superstición si no encuentra el pan de la Verdad. El espíritu, que es el hombre, no cesa en su búsqueda del Espíritu Universal, que es Dios, y la respuesta de Dios —parcial, pero con la promesa de más— es la religión.

Conforme a estos cuatro aspectos pueden presentarse todas las enseñanzas teosóficas más importantes para la vida humana y la conducta. Restan unas pocas indicaciones sobre sus aplicaciones prácticas a los problemas sociales y alguna otra (porque dentro de los estrechos límites de este breve libro no es posible más) acerca de las visiones mayores del pasado y del futuro que se abre ante nosotros por la teosofía. Cualquier división que pretenda fraccionar el realmente indivisible espíritu —la chispa del fuego universal— no es satisfactoria y tiende a velarnos la unidad de consciencia que es nuestro ser. Sensaciones, emociones e intelecto son sólo facetas de un diamante, aspectos del Espíritu Uno. La vida espiritual, la religión, debe ser una síntesis de la ciencia, la moralidad-arte y la filosofía, que son sólo facetas de ella; debe abarcar todos los estudios, así como el espíritu abarca todas las formas. Nuestro ser es único, no múltiple, aunque su vida se exprese a sí misma de muchas maneras. Por ello, aunque dividí el tema en partes en búsqueda de la claridad, ruego a mis lectores que recuerden que la clasificación es un medio y no una finalidad; que las catalogaciones son muchas, en tanto que la consciencia es una sola, y que, para dar una explicación lúcida, debemos evitar confundir a las personas y tener siempre presente que no debemos dividir la sustancia.

SECCIÓN 1

La teosofía como ciencia

La forma antigua de estudio era establecer principios universales y de ahí descender a los particulares, lo que aún es el mejor sistema para estudiantes serios y filosóficos. La forma moderna es comenzar con lo particular, ascendiendo luego a lo universal; para un lector moderno, que todavía no ha acostumbrado su mente a un estudio formal del tema, es la vía más fácil, porque se reserva lo más difícil para el final. Dado que este breve libro está destinado al lector general, hay que seguir este camino. La teosofía acepta los métodos de la ciencia-observación, la experimentación, el ordenamiento de los hechos comprobados, la deducción, la hipótesis, la verificación y la afirmación de la verdad descubierta, pero incrementa inmensamente su área. Visualiza la suma de la existencia como conteniendo sólo dos factores: vida y forma, o como algunos los llaman, espíritu y materia, o tiempo y espacio, porque espíritu es el movimiento de Dios, en tanto que materia es su quietud. Ambos se unen en él porque la raíz del espíritu es su vida y la raíz de la materia es el éter universal, los dos aspectos del Uno Eterno fuera del espacio y el tiempo (ver la sección 3). En tanto que la ciencia convencional confina la materia a lo tangible, la ciencia teosófica la extiende a varios grados, intangibles a lo físico pero tangibles a los sentidos superfísicos. Ésta ha observado que la condición necesaria para conocer el universo físico es la posesión de un cuerpo físico, en el cual algunas partes evolucionaron como órganos de los sentidos (ojos, nariz, etc.), a través de los cuales se hace posible la percepción de los objetos externos; y otras partes han evolucionado como órganos de acción (manos, pies y demás), a través de los cuales puede establecerse contacto con los objetos exteriores. De igual manera, visualiza que en el pasado se produjo la evolución física por el esfuerzo de la vida para usar su naciente poder, y que la lucha por ejercitar una facultad ingénita ha moldeado lentamente la materia conformando los órganos a través de los cuales dicha facultad puede ser ejercida más plenamente. Revirtiendo lo establecido por Büchner: no caminamos porque tenemos piernas, sino que **tenemos** piernas porque quisimos movernos. El crecimiento de las piernas ya está insinuado en las prolongaciones de la ameba, mediante el desarrollo de protuberancias en el cuerpo, hasta manifestarse en las piernas del ser humano, que fueron tomando forma gradualmente por los esfuerzos de la criatura viviente para moverse. Como dijo W. K. Clifford acerca de los enormes saurios del pasado: "Algunos quisieron volar, y se transformaron en aves". La "voluntad de vivir"; esto es, desear, pensar y actuar, yace debajo de toda evolución. El teósofo lleva los mismos principios a un campo mayor si éste existe. Si la consciencia conocerá las demás esferas fuera de la física, deberá tener un cuerpo de la materia correspondiente a la esfera que investigará, y dicho cuerpo tendrá que poseer sentidos, desarrollados por el mismo impulso de la vida a ver, escuchar, etc. Que debe haber otras esferas y otros cuerpos a través de los cuales dichas esferas pueden conocerse no es más increíble que hay una esfera física y cuerpos físicos mediante los cuales las conocemos. El ocultista (el estudiante del trabajo de la Mente Divina en la naturaleza) concuerda con que existen dichas esferas, y con el hecho de que tiene y usa dichos cuerpos.

Las afirmaciones que siguen —con una excepción que podrá notarse— se hacen como resultados de investigaciones llevadas a cabo en tales esferas mediante el uso de dichos cuerpos por la fundadora de la teosofía y otros ocultistas; todos hemos sido guiados por miembros muy desarrollados de la humanidad, que han probado su verdad etapa tras etapa y han llenado muchas brechas mediante nuestras investigaciones. Por lo tanto, tenemos el derecho de afirmar, por nuestra experiencia (que se extiende por un periodo de veintitrés años en un caso y veinticinco en otro), que la investigación superfísica es practicable y es tan confiable como la investigación física, y debe ser realizada de la misma forma. Estos investigadores están sujetos a errores, tanto en la esfera física como en la superfísica por razones similares, pero esas equivocaciones deben conducir a realizar una investigación más acertada, pero no abandonarla.

Tabla de correspondencias

Lo que sigue presenta una visión de las esferas relacionadas con la Tierra que también la incluyen, de los cuerpos usados en la investigación y de los estados de consciencia manifestados a través de ellos por su poseedor, el hombre. El Hombre Eterno, un fragmento de la vida de Dios, es llamado la Mónada, una unicidad. Es verdaderamente un Hijo de Dios, hecho a su imagen, y expresa su vida de tres maneras: bajo el aspecto de voluntad, de sabiduría y de actividad creadora. Vive en su propia esfera, una chispa en el divino fuego, y envía hacia abajo un rayo, una corriente de su vida, que lo incorpora en las cinco esferas de la manifestación. Este rayo, que se apropia de un átomo de materia de cada una de las tres más altas esferas, aparece como el espíritu humano y reproduce los tres aspectos de la Mónada: voluntad, sabiduría y actividad creadora, y se revela a sí mismo, en cierta etapa de la evolución, como el ego humano, el ser individualizado. Comienza su larga jornada como una simple semilla de vida y, sin perder nunca su identidad, se mueve a lo largo de ese largo viaje desarrollando todas las potencialidades de la Mónada que yacen escondidas en él, como el árbol en la semilla. Cuando conquista su reino de materia, su Padre Mónada vierte en él más y más vida, y extrae de él más y más conocimiento del mundo en el cual vive. Pero el paso por las tres más altas esferas manifestadas no es suficiente para obtener todo el conocimiento y poder en el sistema solar, aún quedan dos, y sigue todavía el proceso de empaparse en la materia. El espíritu se fortifica a sí mismo para este trabajo apropiándose de una molécula de la materia más burda de la esfera más baja en la cual entró, y la liga con un átomo de la cuarta esfera de la materia más densa, y uno de la quinta, la más baja, nuestra esfera física. Obtiene así cuerpos, formados alrededor de estas apropiadas partículas permanentes de materia, mediante los cuales puede conocer y actuar en las cinco esferas manifestadas. Veremos que los cuerpos inferiores, que forman lo que llamamos personalidad, son desechados en lo que se denomina muerte y son renovados en cada nacimiento, en tanto que los superiores, que constituyen la individualidad, permanecen a lo largo del extenso peregrinaje, un hecho importante en cuanto a la posibilidad de recordar el pasado. Estos hechos están expresados enseguida. Puedes preguntarte: "¿cuál es el objetivo de este descenso en la materia? ¿Qué gana la Mónada con esto? Omnisciente como es en su propia esfera, es enceguecida por la materia en las esferas de manifestación al no poder responder a su vibración. Así como un hombre que no sabe nadar se tira al agua profunda y queda anegado, pero puede aprender a moverse libremente en ella, igual ocurre con la Mónada. Al final de su peregrinación, estará libre del sistema solar, capacitada para funcionar en cualquier parte de él, crear a voluntad y moverse a placer. Cada poder que desarrolla por medio de una materia más densa es retenido para siempre bajo cualquier condición; lo implícito resulta explícito, y lo potencial, real. Es su propia voluntad que vive en todas las esferas, y no sólo en una, la que lo trae a la manifestación.

24

El cuerpo físico

El desarrollo real de la consciencia se ve mejor desde abajo porque el cuerpo físico es el primero en estar bien organizado como instrumento del conocimiento, y se desarrolla por sí mismo en el mundo físico que conocemos. La naturaleza emocional estimula las glándulas y los ganglios del cuerpo físico, y el mental se entroniza en el sistema cerebro-espinal, y ambos continúan con su evolución en las esferas invisibles por medio del estímulo obtenido desde el cuerpo físico. No necesitamos detenernos en la evolución del cuerpo físico denso, dado que eso puede estudiarse en la ciencia física. La consciencia humana es automática aquí, y el hombre no tiene más necesidad de dirigir el proceso físico; continúa por los hábitos, resultados de largas presiones desde la consciencia.

La parte más refinada del cuerpo físico, el doble etérico, compenetra al denso y se extiende un poco más allá de éste en toda la superficie; sus órganos propios de los sentidos son vórtices sobre su área, ubicados en la parte superior de la cabeza, el punto entre las cejas, la garganta, el corazón, el bazo, el plexo solar y la base de la columna vertebral, en la parte más baja de la pelvis; los tres últimos no se usan, excepto en magia negra. Estos vórtices, técnicamente llamados chakras o ruedas, por su apariencia, se ponen en actividad durante el entrenamiento oculto y forman el puente entre las esferas física y astral, de tal manera que esta última queda incluida dentro de la actividad de la consciencia que despierta. La salud de su compañero denso depende de la vitalidad del doble etérico, el cual extrae sus energías directamente del sol; en la parte en contacto con el bazo, divide esta energía en corrientes, que se dirigen a los diferentes órganos del cuerpo físico y el sobrante irradia hacia afuera y energiza a todas las criaturas vivientes dentro de su alcance. La simple proximidad de una persona vigorosa y sana vitaliza, mientras que un cuerpo débil absorbe vitalidad del medio, deprimiendo, con frecuencia, a los que lo rodean. El magnetismo físico, el poder de curar, etc., son maneras de usar útilmente este exceso de vitalidad. La visión etérica, la visión física más penetrante que las demás, puede utilizarse para observar objetos diminutos, como los átomos químicos, o las formas de las ondas de las fuerzas eléctricas y otras, o para estudiar los espíritus de la naturaleza cuyos cuerpos inferiores son de materia etérica (hadas, gnomos, duendes y criaturas de esta clase). Una ligera tensión nerviosa causada por excitaciones, enfermedades, drogas y alcohol puede producir estas visiones. La parte etérica del cerebro juega un papel activo en los sueños, especialmente en aquellos causados por las impresiones de afuera o por la presión interna provocada por los vasos cerebrales. Estos sueños son generalmente dramáticos, y pueden involucrar la memoria de eventos pasados, objetos o personas. En las personas normales y sanas, la parte etérica del cuerpo físico no se separa de la densa, pero su mayor parte puede ser anulada por anestésicos, se duerme fácilmente en el caso de personas mediumnísticas, y, con frecuencia, sirve de base para las materializaciones. La muerte es la separación completa de su contraparte densa, conjuntamente con la consciencia en los cuerpos superiores; queda con ellos durante un intervalo variable, normalmente unas treinta y seis horas, y luego es despedida por el hombre al no ser de más utilidad; decae con la caída del cuerpo denso.

La esfera emocional o astral sus mundos y sus habitantes

La esfera astral conectada con nuestra Tierra contiene dos globos, con los cuales no necesitamos entrar en contacto ahora; también contiene el mundo astral y sus habitantes, así como el mundo intermedio o de deseos, parte del astral, cuyos habitantes están normalmente en condiciones especiales. Toda la esfera pertenece al estado de consciencia que se demuestra como sentimientos, deseos y emociones. Los cambios en la consciencia se acompañan de vibraciones de la materia astral, y si ésta es fina y rápida en sus movimientos, las vibraciones se tornan visibles a la vista astral como colores. La pasión de la ira causa vibraciones que dan luz escarlata, en tanto que un sentimiento de amor o devoción tiñe al cuerpo astral con azul o rosa. Cada sentimiento tiene su color porque se acompaña de su propio conjunto de vibraciones. El cuerpo astral humano está, por supuesto, compuesto de materia astral, y cuando está acompañado por el cuerpo físico, al cual compenetra y más allá del cual se extiende, aparece como una nube o un óvalo definido, según si su poseedor es poco o muy evolucionado. La claridad y el brillo de los más delicados colores, una mayor definición de la forma y un mayor tamaño son indicativos de una mayor evolución.

Cuando el hombre está en sus cuerpos superiores, se retira del físico, como lo hace todas las noches durante el sueño, y entonces el cuerpo astral tiene un parecido con el físico. Ya que la materia astral es sumamente plástica bajo la influencia del pensamiento, el hombre aparece en el mundo astral de forma parecida a como se ve a sí mismo, con el traje que está pensando. Un soldado muerto en combate que se le aparece a un amigo distante en el cuerpo astral, usará su uniforme; un hombre ahogado aparecerá con ropas chorreando. En tanto que el ser humano en el mundo astral tiene normalmente la forma humana, el habitante de ese mundo que no ha tenido cuerpo físico, como las hadas, espíritus de la naturaleza conectados con la evolución de las plantas y la vida animal, y otros, tienen cuerpos constantemente cambiantes de forma y tamaño. Los elementales deportivos, como suelen llamarse los espíritus de la naturaleza, aprovechan frecuentemente esta plasticidad de su cuerpo para aparecer con formas enormes y terribles para aterrorizar a los intrusos no entrenados en este mundo. Algunas drogas, como el hachís, el bhang, el opio, y envenenamientos alcohólicos extremos, también afectan los nervios psíquicos como para hacerlos sensibles a las vibraciones astrales, y los pacientes captan destellos de algunos habitantes de los mundos astrales. Los horrores que atormentan a un hombre que sufre de *delirium tremens* se deben, en gran medida, a la visión de los elementales que se juntan alrededor de los lugares donde se expende alcohol y se alimentan de las inhalaciones de ese hombre y son atraídos a su alrededor por los efluvios de su propio cuerpo. Todos los sentimientos de dolor o placer del cuerpo físico se deben a la presencia del astral que lo interpenetra, y, si se les echa por medio de anestésicos o del mesmerismo, el sentimiento desaparece del cuerpo físico. Durante el sueño, en el cual el etérico no deja a su contraparte densa, puede llamarse rápidamente al astral mediante cualquier disturbio en el físico, pero si una gran parte de la materia etérica está afuera, se rompe el puente de comunicación y se produce el trance; bajo estas condiciones, el cuerpo físico puede ser seriamente mutilado sin dolor. Éste aparece tan pronto como el astral se desliza otra vez en el físico, y "vuelve a la consciencia".

Puede decirse, de paso, que el centro normal de la consciencia humana en la etapa actual de evolución es el cuerpo astral, desde el cual funciona el físico. La "consciencia física" es ahora subconsciente, si puede permitirse este disparate a una mujer irlandesa. La condición de una persona durante el sueño varía con su etapa de evolución. El hombre no desarrollado, en sus cuerpos superiores, dejando el físico, vuela alrededor de los lugares que le son familiares. El hombre medio es llamado hacia las personas que le son afines, pero su atención es atraída hacia adentro y entra en contacto sólo con la parte mental. En una etapa algo superior, la mente del ser humano es muy activa y receptiva, y puede trabajar en problemas que se le presenten con más facilidad que en el cuerpo físico, como una evidencia de los dichos "El sueño trae consejos" o "Mejor consulto este asunto con la almohada". Cuando se le pone un problema de forma tranquila a la mente, antes de irse a dormir, la contestación generalmente se encuentra a la mañana siguiente. Todas estas personas no operan conscientemente en el mundo astral, para ello es necesario que la atención se dirija hacia afuera, no hacia adentro. Cuando la persona es pura y autocontrolada, y expresa su inclinación a ayudar en el mundo físico, generalmente se le "despierta" en el astral por medio de una persona más avanzada. El proceso consiste simplemente en hacerle atender lo que está sucediendo a su alrededor en lugar de estar inmersa en sus pensamientos; su cuerpo astral ha evolucionado y está organizado por sus actividades mentales y morales, y sólo tiene que despertarse al mundo astral que la rodea. La que le ayuda, le explica algunas cosas y por un lapso la mantiene junto a ella; le enseña que la materia astral obedece a sus pensamientos; que puede moverse a voluntad y a cualquier velocidad; que puede caminar sobre las rocas, sumergirse en el agua, pasar a través del fuego, trepar precipicios y volar por el aire, siempre, naturalmente, que no tenga miedo y tenga confianza; si pierde el coraje y se considera en peligro, el daño imaginario puede "repercutir", es

27

decir, aparecer físicamente como una quemadura, un magullón, una herida, etc. Una vez aprendidas estas lecciones primarias, y ya que puede ver y oír correctamente en el mundo astral, se le pone a trabajar para ayudar a los "vivos" y a los "muertos"; se transforma en lo que se conoce como un "ayudador invisible" y pasa las noches socorriendo a los que están en problemas, enseñando a los ignorantes, guiando a los que recién llegan al mundo astral por el portal de la muerte. A ellos nos referiremos ahora.

El mundo del deseo o el purgatorio

En esta parte del mundo astral, las condiciones son especiales para los seres desencarnados, los cuales, aunque tienen conocimientos, no están libres en el mundo astral, sino que son "espíritus en prisión", como los menciona San Pablo. Se mantienen prisioneros por sus propios deseos; de aquí el nombre de "mundo del deseo" dado a este estado. Ya vimos que el ser humano, al morir, revestido de sus cuerpos más sutiles, sale de su cuerpo físico que vistió durante su vida en la Tierra, o la "capa de piel" con la cual "el primer hombre" fue revestido después de su "caída" en la materia, ocasionada por sus limitados "conocimientos", "cuyas cosas son una alegoría", como dice San Pablo de la historia de Abraham, Sara y Hagar. Despojado de su capa de piel, el hombre es ahora tal como era cuando fue revestido con ella, y va a "su propio lugar" en el mundo astral, el lugar que él mismo ha elegido. Se produce, de forma automática, una reorganización de la materia de su cuerpo astral, a menos que tenga suficientes conocimientos como para hacerla. Durante su vida en el cuerpo físico, las partículas astrales de las siete subdivisiones de materia se mueven libremente entre ellas, y algunas de todas las clases están siempre sobre la superficie del cuerpo astral. La visión de la totalidad del mundo astral depende de la presencia, sobre la superficie del cuerpo astral, de partículas extraídas de las siete subdivisiones, que responden a los estados líquidos, sólidos, gaseosos y a los cuatro estados del éter. Estas partículas no están juntas constituyendo un órgano de visión, como el ojo físico; cuando el hombre dirige su atención hacia afuera, ve "todo sobre él" a través de esas partículas o de las que se orientan en la dirección del objeto hacia la cual se dirige la atención. Si tiene lugar la reorganización del cuerpo astral, se junta la materia de cada subdivisión y se forma una serie de celdas concéntricas, con las más densas afuera. Por lo tanto, el hombre sólo puede ver la subdivisión del mundo astral a la que pertenece la celda más superficial; la cantidad de materia de cada clase depende del tipo de deseos y emociones que haya cultivado en la Tierra. Si fueron de un orden inferior, la materia astral más densa quedará muy vitalizada, y, consecuentemente, la celda o costra exterior, la que lo pondrá en contacto con la división más baja del mundo astral, la que perdurará por un largo tiempo; se desintegra lentamente por una lenta desvitalización, como la privación de las satisfacciones a las cuales está acostumbrado. Es decir que un borracho, un glotón, un sensualista, una persona de pasiones violentas y brutales, si vitaliza fuertemente sus combinaciones de materia astral más densas, puede ser consciente de lo que lo rodea solamente a través de él, y sólo ve a personas como él y las peores cualidades de aquellos que son mejores. Estas pasiones atormentadoras no encuentran satisfacción porque no hay cuerpo físico mediante el cual antes las gratificaba; además, ahora son más violentas que antes porque durante la vida física muchas de las fuerzas de las vibraciones astrales se usaban simplemente para poner en movimiento las pesadas porciones de materia física, y sólo se sentía como pena o placer el sobrante. De aquí que las pasiones sean pálidas y débiles en la Tierra comparadas con la violencia que tienen en el plano astral, en el cual, una vez puestas en fácil movimiento las livianas partículas astrales, el gran sobrante impulsa el sufrimiento o el placer, en un enajenamiento o agonía inconcebibles en la Tierra. Esto es lo que las religiones denominan "infierno", verdadero abismo en cuanto a sufrimiento, creado por la misma persona como lugar de morada. Pero eso es temporal, y más adecuadamente, para los ortodoxos cristianos y musulmanes, debería ser llamado el "purgatorio". La fina capa de la materia más densa se pierde y la persona pierde la visión de esta esfera, y comienza a percibir la que sigue; aprende, con esta triste lección, que los placeres que tanto valoraba en la Tierra son simplemente "las entrañas del sufrimiento". El hombre medio no experimenta esta desafortunada condición *post mortem* porque no atrajo, mientras estaba en la Tierra, mucha materia de la más densa al cuerpo astral, y la que posee no está tan fuertemente vitalizada, y no lo puede condicionar. Si sus intereses en la Tierra han sido triviales (un empleado de oficina, una ama de casa rutinaria o un trabajador manual, que alterna sus tareas con diversiones bajas, aunque no viciosas) y no le ha importado el interés

29

general, se encontrará encapsulado por él mismo por materia de la sexta subdivisión del mundo astral y estará rodeado por las contrapartes astrales de los objetos físicos, pero sin la posibilidad de afectarlos o de tomar parte en la vida de la Tierra que se desarrolla a su alrededor; por lo tanto, debe de usar el coloquialismo y se encontrará bastante aburrido y presa de un intolerable sentido de tedio. Puede decirse que esto es duro, puesto que la mayor parte de la gente debe de pasar su vida en rutinas de alguna clase.

30

¿Deben aburrirse después de la muerte, habiéndolo hecho en vida? Efectivamente, pero con un poco de conocimiento puede evitarse, razón por la cual la teosofía se está expandiendo. El trabajo que se realiza en la Tierra no necesita ser agobiante, y no lo es para las personas profundamente religiosas. Todas las tareas útiles son parte de la actividad divina, y todos los trabajadores son órganos de dicha actividad, las manos con las cuales el Divino Trabajador cumple con su trabajo. La producción y la distribución, ya sea en agricultura, minería, fabricación, comercio o la más insignificante actividad, son caminos de Dios para nutrir a la humanidad, y medios para la evolución. Cuando una persona ve que su pequeña tarea diaria es una porción integral de un gran trabajo, ya no es más un rutinario, sino un cotrabajador con Dios, como cantó George Herbert:

Un sirviente en esta causa
Torna divina su tarea
El que barre una habitación en su nombre
Hace esto y a la acción la refina

Aquellos que trabajan de esta manera, no hallarán aburrimiento después de la muerte, sino actividades frescas y gozosas. En lo demás, se adaptan rápidamente a las nuevas condiciones, para lo cual se les ayuda, y se dan cuenta de que se liberaron de muchas de las molestias de la Tierra y que pueden llevar una vida bastante pasable; están en contacto con sus amigos en la Tierra y se percatan de que están dispuestos a acompañarlos durante las noches de la Tierra, aunque se muestran indiferentes durante sus días. Como Leadbeater dice, de forma enérgica: "El muerto nunca está ni por un instante bajo la impresión de haber perdido la vida", aunque los vivos lamenten la pérdida de la persona querida. El hombre pasa a través de la sexta, quinta y cuarta subdivisiones, disfrutando de una cada vez mayor asociación con los que ama, hasta que llega a las divisiones más altas, el cielo material de los religiosos menos instruidos de todas las creencias, la región de las artes, la literatura, la ciencia, la filantropía y los mayores intereses en la vida, seguidos en la Tierra con algo de egoísmo, y seguidos aquí dentro de las mismas líneas habituales con el uso de las reproducciones astrales de los medios y aparatos físicos. Estas mismas búsquedas, llevadas a cabo con motivos altruistas, elevan a la persona al mundo del cielo, su hogar apropiado, aun más allá de aquellos que pasaron de manera más egoísta, pues cuando se aburrió de ellos en el mundo astral, cayó dormida para despertar en el cielo. El cuerpo astral se desechó, envoltura tras envoltura, las que a su debido tiempo vuelven a sus elementos, como la física. Algunas almas puras pasan a través del mundo astral sin registrarlo, con la mente puesta en cosas superiores. Otras, completamente despiertas, no permiten que la materia de su cuerpo astral sea reordenada y retienen su libertad y realizan servicios útiles. Excepto esta última causa, quienes están en el mundo astral por otras causas están regidos por la ley de que la vida astral es larga para el poco evolucionado y corta para el evolucionado, en tanto que la vida en el cielo es al revés, larga para el evolucionado y corta para el otro.

La esfera mental: sus mundos y habitantes

La esfera mental conectada con nuestra Tierra contiene dos globos con los cuales no tenemos nada que ver. También tiene dos mundos, el superior y el inferior, cada uno con sus habitantes, y una parte del inferior está en condiciones especiales para el uso de seres desencarnados, el mundo-cielo. Toda la esfera pertenece al estado de consciencia denominado pensamiento, o actividad mental, y su materia responde a los cambios de consciencia que produce pensar. Sus siete subdivisiones, aunque mucho más finas, también se corresponden con las de los mundos astral y físico, y el mundo mental está, como el físico, dividido en dos, inferior y superior: el primero consiste de los cuatro estados de materia más densos, y el otro, de los tres más sutiles. Dos cuerpos le pertenecen: el mental, compuesto por combinaciones de las más densas, y el causal, compuesto por las más finas. Este mundo es de un peculiar interés, no sólo porque el hombre pasa en él casi todo el tiempo —cuando su mente está desarrollada, sumergiéndose en el

31

mundo físico sólo por breves intervalos de su vida mortal, como un pájaro se sumerge en el mar en busca de un pez—, sino porque es el lugar de encuentro de la consciencia superior e inferior. La individualidad inmortal, al descender —una vez que la Mónada ha formado al espíritu enviándole su rayo—, espera en el cielo superior, mientras que los cuerpos inferiores se forman alrededor de los átomos adheridos a él, incubándolos a lo largo de prolongadas edades de lenta evolución y, cuando han evolucionado lo suficiente, toma posesión de ellos para su propia evolución. El hábitat del espíritu como intelecto, de aquél "cuya naturaleza es conocimiento", es el mundo causal, los tres niveles superiores de la esfera mental. Éstos le dan su cuerpo, el causal, el cuerpo que perdura y evoluciona a través de la larga serie de encarnaciones en la materia. Este mundo y este cuerpo se llaman así porque todas las causas, cuyos efectos se ven en el mundo inferior, residen allí. El cuerpo causal comienza, con la toma de posesión mencionada, como una simple capa de materia en forma de huevo, que como una costra rodea los cuerpos inferiores formados dentro de él, como un pollo en el huevo. Una delicada red irradia desde el átomo permanente del cuerpo causal a todas las partes de esta película, y el átomo brilla como un punto incandescente. Los átomos permanentes de los cuerpos astral y físicos y la unidad-molécula mental están asociados con él. Durante la vida, encierra todos los cuerpos y la muerte de cada uno de ellos; preserva los gérmenes permanentes, con todos los poderes vibratorios que contienen, o las "semillas de la vida" para cada cuerpo sucesivo. Durante edades, es sólo un poco más que esta delicada red y superficie porque únicamente puede crecer con las actividades humanas, aquellas que producen en su materia sutil una débil respuesta vibratoria. A medida que crece la personalidad y se torna más reflexiva, menos egoísta y más involucrada en actividades correctas, la cosecha para su poseedor se hace más y más rica. Las personalidades son como las hojas de un árbol: atraen materia desde el exterior, la transforman en sustancia útil, la envía al árbol como savia, se marchitan y caen. La savia se transforma en alimento para el árbol y lo nutre, permitiendo que broten nuevas hojas que repiten el ciclo. En los cuerpos mental, astral y físico, la consciencia reúne experiencia, desecha los cuerpos astral y físico como hojas muertas y transmuta esas experiencias en cualidades del cuerpo mental durante su vida en el cielo. Éstas ingresan en el cuerpo causal con la cosecha, desechan también el cuerpo mental al igual que los otros y se mezcla con el Espíritu, que se enriquece con ella. Han servido al Espíritu como las manos, que se usan para tomar la comida. El espíritu enriquecido, el hombre, forma, alrededor de los viejos átomos permanentes, otros cuerpos (mental y astral), capaces de manifestar estas cualidades mejoradas. El átomo físico permanente es depositado por el padre en el seno de la madre, la cual proporciona el cuerpo físico necesario por la invariable ley de causa y efecto, y estos tres cuerpos inferiores se nutren y se colorean por medio de sus correspondientes cuerpos. Así se lanza una nueva personalidad a este mundo mortal.

En tanto que el intelecto tiene el mundo causal como vehículo, su copia en la materia densa, la mente, tiene como instrumento el cuerpo mental. Uno posee los pensamientos abstractos como actividad, y el otro, los concretos. La mente adquiere conocimientos utilizando los sentidos mediante la observación, como preceptos, elaborándolos en conceptos; sus poderes son la atención, la memoria, el razonamiento por inducción y deducción, la imaginación y otros similares. El intelecto sabe por resonancia del mundo exterior con su propia naturaleza, y su poder es creación, disposición de la materia en cuerpos para su propia producción natural, o ideas. Cuando emite un destello hacia la mente inferior, iluminando sus conceptos e inspirando su imaginación, decimos que es un genio. Tanto el cuerpo causal como el mental se expanden enormemente en las últimas etapas de la evolución y manifiestan la más magnífica radiación de luces de colores, que brillan con intenso esplendor cuando están comparativamente en descanso, y envían el fulgor más deslumbrante cuando se encuentran en intensa actividad. Ambos interpenetran a los cuerpos inferiores y se extienden más allá de sus superficies, como ya se dijo en relación con el doble etérico y el astral. Las partes más sutiles de todos estos cuerpos que se encuentran afuera del cuerpo físico forman colectivamente el "aura" de los seres humanos o la luminosa nube de colores que rodea sus cuerpos físicos. La porción etérica de esta aura puede ser captada por el aparato del Dr. Kilner. Un clarividente común normalmente ve ésta y la porción astral. Un clarividente más desarrollado ve las porciones etéricas, astrales y mentales. Hay pocos capacitados para ver la porción correspondiente al cuerpo causal, y aun menos la rara belleza del intuicional y el fulgor del vehículo espiritual. La claridad, la delicadeza y el brillo de los colores áuricos, o su opacidad, tosquedad e inercia denotan la etapa de evolución en que se halla su poseedor. Los cambios en la emoción tiñen la porción astral con colores transitorios, como el rosa del amor, el azul de la devoción, el gris del miedo, el marrón de la brutalidad o el verde enfermizo de los celos. También son familiares el amarillo de la inteligencia, el anaranjado del orgullo, el verde brillante de la simpatía mental y alerta. Estrías, bandas, rayas, etc., dan una multiplicidad de formas para estudio, pues todas son expresiones de cualidades del carácter mental y moral. El aura de un niño difiere de la de los adultos, pero no la consideraremos porque el espacio es limitado. La mente, al operar en el cuerpo mental, produce resultados (pensamientos) en los cuerpos astral y físico; en este último utiliza como instrumento el sistema cerebro-espinal. Emite, en su propio mundo, "pensamientos-forma" definidos, pensamientos corporificados con materia mental, que van hacia el mundo mental y pueden incorporarse en otros cuerpos mentales. Sus propias vibraciones también envían ondulaciones en todos los sentidos, que causan vibraciones similares en otros. Pocas personas, comparativamente, pueden funcionar libremente en la presente etapa de evolución, en el mundo mental, revestidas solamente de los cuerpos más elevados y del mental, separadas del físico y del astral. Pero los que pueden hacerlo, son capaces de informarnos asuntos importantes acerca de sus fenómenos, pues el cielo es una parte del mundo mental, resguardado de cualquier intrusión. Los habitantes de ese mundo son los espíritus de la naturaleza de mayor rango, llamados devas o resplandecientes en el Oriente, y por los cristianos, hebreos y mahometanos, ángeles u orden inferior de las inteligencias angélicas. Son formas incandescentes con apariencias cambiantes, de exquisitos colores, cuyo lenguaje es el color y cuyos movimientos son melodía.

El cielo-Tierra

La porción de cielo del mundo mental está llena de seres desencarnados que elaboran en poderes mentales y morales las buenas experiencias pasadas en sus vidas terrestres. Aquí puede verse al devoto religioso en un rapto de adoración contemplativa de la Divina Forma que amaba en la Tierra porque Dios se le revela de cualquier forma querida para el corazón humano. El músico llena el aire con sonidos melodiosos, cultivando su capacidad hacia poderes mayores; quienes aman están en contacto cercano con sus amados, y el amor gana más fortaleza y profundidad; el artista de las formas y los colores elabora espléndidas concepciones en materia plástica, que responden a sus pensamientos; el filántropo delinea grandes esquemas para ayudar a la humanidad; los arquitectos, los planos a traer cuando retornen a la Tierra. Cada una de las elevadas actividades desarrolladas en la Tierra, cada pensamiento y aspiración nobles, florece aquí, flores que contienen en sí mismas las semillas que crecerán luego en la Tierra. Sabiendo todo esto, las personas de esta Tierra preparan las semillas de las experiencias que luego florecerán en el cielo. El cultivo de cada una de las facultades literarias y artísticas, de un paciente y permanente amor, de un servicio generoso al ser humano, de una devoción a Dios, tornan rico y fructífero al cielo. Los que siembran escasez, cosechan escasez. Mientras que todas las copas de felicidad serán llenadas hasta rebosar, hacemos nuestras copas pequeñas o grandes. La extensión de nuestro cielo dependerá del material que llevemos al morir, el cual se constituye de los pensamientos y las emociones puras; puede ser desde quinientos años a dos mil o de unas pocas centurias, y en los muy poco desarrollados, menos todavía. Cuando todas las experiencias ya fueron elaboradas en facultades, el hombre desecha su cuerpo mental y es entonces él mismo verdaderamente, y mantiene el causal y los dos cuerpos superiores. Si es altamente desarrollado, puede vivir sin límites en los altos niveles del mundo mental. Generalmente, su estadía allí es breve, sólo suficiente para que vea todo su pasado y eche una ojeada a su futura vida, y rápidamente comenzará a ponerse hacia abajo otra vez, guiado por la necesidad de nuevas experiencias. El germen de las facultades mentales desarrolladas se implanta en la materia mental para formar un nuevo cuerpo mental. Las correspondientes a las facultades emotivas y morales desarrolladas en la materia astral forman un nuevo cuerpo astral, y son las facultades "innatas", o el "carácter" que el niño trae consigo al mundo.

Las esferas superiores

Las dos esferas superiores, la intuicional, en la cual la naturaleza de Cristo se desarrolla en el hombre, y la espiritual, no pueden describirse plenamente aquí. La intuición o la visión clara en la naturaleza de las cosas, que ve al Ser Uno en todas las cosas y destruye el sentido de separatividad, es

35

la facultad de la naturaleza sabiduría, la suprema visión espiritual, para la cual "la naturaleza no tiene velos en todo su reinado". La esfera espiritual, en la cual se realiza la unidad de la voluntad humana con la divina, es la última y más alta en el presente sistema manifestado. Las esferas monádicas y divinas son inmanifestadas todavía. La rueda de la evolución humana normal gira en tres mundos: el físico, el intermedio y el cielo. En el primero juntamos experiencias, en el segundo sufrimos y gozamos según nuestra vida en el primero, en el tercero disfrutamos de una felicidad sin faltas y se transmutan las experiencias en facultades, tornando las experiencias en poder. De esta manera retornamos, edad tras edad. Cada etapa de esta evolución a través de los eones puede estudiarse por el desarrollo de la consciencia y el mejoramiento de los cuerpos pertenecientes a los diferentes mundos. No deben tomarse como verdades las afirmaciones realizadas en esta sección, excepto sobre la Mónada, pues el estudio que garantiza una verificación es tan arduo como el de las altas matemáticas o el de la astronomía. Un desarrollo ligeramente superior de la voluntad normal, sin embargo, capacita el examen de los hechos en los cuerpos etéricos y mental, y tal experiencia puede dar ánimos al estudiante para proseguir con la tarea más allá.

Ceremonias y ritos religiosos

Un gran servicio rendido por la teosofía como ciencia a las diversas religiones es la explicación que ofrece de sus diversas ceremonias y ritos. Éstos fueron planeados originalmente por grandes ocultistas para trasladar las influencias de las altas esferas a los devotos y buenos. Un sacramento es, definido por el catecismo de la Iglesia de Inglaterra, "el signo exterior y visible de una gracia interior espiritual", y no solamente es el signo de que la gracia está presente, sino un medio mediante el cual puede ser llevada al devoto. Por las reglas antiguas, para el sacramento debe de haber un objeto físico externo, un signo de poder y una palabra de poder, y también un oficiante debidamente calificado según las leyes de la religión. Así, en el bautismo cristiano, el agua es el objeto físico, el signo de poder es la cruz y la palabra de poder es la fórmula bautismal "Yo te bautizo en el nombre del Padre, del Hijo y del Espíritu Santo". El oficiante es un sacerdote debidamente ordenado. La gracia interna espiritual es la bendición vertida sobre la criatura por los ángeles circundantes, su admisión a la comunidad cristiana en éste y en otros mundos y las bienvenidas que se extienden sobre él por medio de la visible e invisible Iglesia cristiana. En la sagrada comunión se sigue el mismo principio, y cualquier clarividente que presenciara la ceremonia, vería los destellos de luz que siguen a las palabras de consagración, la luz que brilla a través de la iglesia bañando a los fieles, apropiada y absorbida por los realmente devotos. Ello debido a la tradición de esta "presencia real" que preserva la hostia en las Iglesias católicas romanas, y desde la cual, efectivamente, irradia una constante bendición. Todas las ceremonias que se realizan para ayudar a los que han fallecido, los llamados "muertos", se basan en el conocimiento de los hechos del mundo intermedio, aunque las personas que toman parte en ellas hoy en día conocen muy poco del resultado real sobre las personas a las cuales están destinadas. La plegaria diaria y la meditación que realiza cualquier hinduista piadoso se hace para atraer y esparcir gracias espirituales, atrayendo a los devas, "el ministerio de los ángeles", para esparcir sus bendiciones en las vecindades o las vidas humanas, animales o vegetales. Todas estas cosas son vistas como "supersticiones" por el hombre moderno común, aunque, dado que el mundo invisible interpenetra y rodea al visible, no es irracional la influencia que aquél ejerce sobre éste. Fue considerada una superstición a fines del siglo XVIII la creencia de que había una fuerza que hacía mover las patas de una rana colgadas en un alambre. Galvani sufrió las burlas por haber observado que bailaban mientras esperaban la sartén, y fue llamado el Maestro de Baile de Ranas. Sin embargo, la corriente galvánica liga los continentes hoy en día. Muchas "supersticiones" indicaron la dirección de un descubrimiento de fuerzas desconocidas para la humanidad. El inteligente observa e investiga y no rechaza sin haber antes estudiado.

SECCIÓN 2

La teosofía como moral y arte

La moralidad ha sido definida como "la ciencia de las relaciones armoniosas" entre todas las cosas vivientes. Las leyes morales son leyes de la naturaleza, como aquéllas que afectan los fenómenos físicos, y deben ser vistas de la misma manera y establecidas por los mismos métodos. Así como la higiene fue instaurada por los legisladores antiguos como parte de la religión, de la misma manera se estableció la higiene moral. Ambas han sido aceptadas como parte de la "revelación" por sus seguidores, pero las dos están basadas en hechos de la naturaleza conocidos para esos seres altamente desarrollados, pero no para el pueblo.

El aspecto vida-moralidad

Vimos que la enseñanza de una vida omnipresente es parte de la teosofía, en ella se basa la moralidad. Agraviar a otro es agraviarse a sí mismo porque cada uno es una parte de un todo. El cuerpo como un todo resulta envenenado si se introduce veneno en cualquiera de sus partes, y todas las cosas vivientes resultan dañadas por la afección infringida a una. Esta vida se expresa a sí misma en todo en la búsqueda de felicidad; en todas partes y siempre, sin excepción, la vida busca felicidad y el no sufrimiento siempre se obtiene voluntariamente, excepto como un camino hacia un gozo más profundo y duradero. Nadie busca el sufrimiento por el mero hecho de sufrir, se soporta sólo como un medio hacia un fin. Todas las religiones reconocen a Dios como la buenaventura infinita, y la unión con Él es perseguida por todas. La naturaleza del hombre, por ser divino, es también fundamentalmente bienaventurada; acepta todas las felicidades como naturales y, cuando le llegan, las toma sin necesidad de justificación. Nunca se pregunta: "¿Por qué es que gozo?"; sin embargo, su naturaleza reacciona naturalmente contra el sufrimiento como algo no natural, que necesita una justificación, e instintivamente demanda: "¿Por qué sufro?". La meta general de la vida es una profunda, sin manchas y duradera bienaventuranza o perfecta satisfacción de cada una de las partes del ser. La tendencia a los fugaces placeres mundanos es un error a la luz del sol de la bendición, y el hombre sufre... y aprende... "Porque Dios tiene un plan, y ese plan es evolución". Si la parte acciona en contra del todo, debe de sufrir; el sufrimiento del ser humano es debido a la ignorancia de su propia naturaleza y del desprecio, también por ignorancia de las leyes de la naturaleza del medio en que vive.

Lo correcto y lo erróneo

Si el plan de Dios es la evolución, debemos tener un criterio definido acerca de lo correcto y lo erróneo. El científico dirá: "Lo que ayuda a la evolución es correcto, aquello que la entorpece es erróneo"; el religioso afirmará: "Lo que está de acuerdo con la voluntad divina es correcto, aquello que la contradiga es erróneo". Ambos expresan la misma idea porque la voluntad divina es evolución, pero, al estudiar la evolución, observamos que en su primera mitad se desarrolla una separabilidad cada vez mayor: la meta es la producción del individuo. Pero también nos percatamos de que ahora, al comenzar la segunda mitad, nos movemos hacia la integración del individuo en una unidad. Los hinduistas llaman a este proceso el sendero de avance o el sendero de retorno, y no hay nombres más expresivos que éstos. Los instintos más profundos del ser humano, que se muestran en las tendencias de la raza (el instinto es la voz de la vida), buscan ahora la hermandad, detrás de la cual yace la unidad o la construcción de muchas partes en un todo perfecto. Por lo tanto, todo lo que tienda a la unidad es correcto y lo contrario es erróneo.

Emociones y virtudes

La próxima etapa es la felicidad, que es esencialmente un sentimiento debido al sentido de crecimiento de la vida en nosotros. Somos felices cuando la vida se expande, cuando hay más. Sufrimos cuando la vida disminuye y resulta menos. El amor trae unión y sentido de más; el odio produce separación y, consecuentemente, sentido de pérdida. Aquí tenemos las dos emociones raíces, amor y odio, ambas expresiones del deseo, la manifestación del aspecto voluntad, que se ve a través de palabras como "atracción" y "repulsión", el "constructor" y el "destructor de universos, sistemas y mundos, como también de estados, familias e individuos".

41

Además de estas dos emociones raíces, surgen todas las virtudes y vicios; cada virtud es una expresión del amor, universalizado y establecido por la recta razón como un modo permanente de la consciencia; cada vicio es una expresión del odio, universalizado y establecido por la razón equivocada como un modo permanente de la consciencia. De esta manera quedan definidos lo correcto y lo erróneo, y serán comprendidos rápidamente mediante una ilustración traída de la familia. Podemos asentar como premisa que cada uno de nosotros estamos rodeados de sólo tres clases de personas en la familia y la sociedad: los superiores, los iguales y los inferiores, y mantenemos relaciones con todos. En una familia feliz, el amor une a todos los miembros: amor que se dirige hacia arriba, al jefe de la familia, y produce reverencia; amor que se dirige alrededor del círculo de hermanos y hermanas y produce el afecto; amor que se dirige hacia abajo, al grupo de dependientes, y produce la beneficencia. Estas emociones surgen espontáneamente en una "buena" familia, en la cual la regla son los sentimientos "correctos" y donde "el amor cumple con la ley". Cuando rige el amor no son necesarias las leyes.

Fuera de la familia, cuando el ser humano entra en relación con el público en general, la actitud de amor espontánea en la familia se reproduce como virtud. Hacia arriba (Dios, el Rey o los Ancianos), la emoción del amor se transforma en reverencia, obediencia, lealtad, respeto y otras parecidas, todas actitudes fijas de la mente o modos permanentes de la consciencia hacia las personas, dondequiera que estén, que sean reconocidas como superiores de manera espiritual, intelectual, moral, social o físicamente. Con nuestros iguales, la emoción del amor como afecto se transforma en virtudes de honor, cortesía, respeto, amistad, cooperación y otras, actitudes fijas de la mente hacia esos iguales. Con los inferiores, la emoción del amor de beneficencia se transforma en virtudes de protección, amabilidad, cortesía, prontitud para ayudar y compartir, entre otras. Una vez captado el principio, el estudiante puede darle miríadas de aplicaciones.

El odio, con sus tres divisiones principales: miedo, orgullo y desprecio, puede ser tratado de manera similar. Cada ser humano que vive en sociedad se relaciona, por el simple hecho de estar en ella, con todos los que lo rodean, lo cual lo vuelve el centro de una trama de obligaciones, de deberes; dar a cada una de esas personas lo que le corresponde es ser un hombre "bueno" y una fuente de unidad social; rehusarse es ser un hombre "malo" y una fuente de discordia social. Luego, conocer los deberes y cumplirlos es bondad; conocerlos de forma intuitiva y cumplirlos espontáneamente es perfección. En tanto que la vida que se desarrolla de manera emotiva es amor, en forma intelectual es verdad.

Por la falta de conocimiento de lo anterior han surgido controversias acerca de si el amor y la verdad deben ser las bases de la moralidad, pero ellas son esencialmente una, como la vida es una. Bhishma, Maestro del Deber, dijo que las virtudes son "formas de la verdad", lo cual es indudable. La verdad es la base del carácter intelectual, como el amor lo es del carácter moral. Mientras que el amor necesita la presencia de otros para expresarse, la verdad no, regula naturalmente la ciencia de nuestras relaciones armoniosas con otros y florece naturalmente como virtud. "Dios es amor", dice el cristiano; "Brahman es verdad", dicen los hinduistas. Ambos hablan de los hechos. Visto desde abajo, el amor y la verdad pueden parecer diferentes; visto desde arriba, son uno.

Lo racional de los preceptos morales

Los grandes Maestros de la humanidad han formulado ciertos preceptos éticos de aplicación universal, tales como: "Hacer el bien a otro es correcto; hacerle daño es erróneo", "Hagamos a otros lo que quisiéramos que nos hagan; no hagas a otros lo que no quieras que te hagan", "Amaos los unos a los otros", "¿Qué espera el Señor tu Dios de ti sino que seas justo, que ames y que camines humildemente con tu Dios?". Todas las enseñanzas morales inspiradas en este espíritu son parte de la sabiduría divina y de la teosofía. No necesitan justificación para la mente, la que naturalmente tiende a promover la felicidad. Pero la teosofía arroja mucha luz sobre lo racional de esos preceptos obvios. Devolver el bien por el mal no es, a primera vista, razonable ("¿Cómo se recompensa entonces lo bueno?", se pregunta Confucio); sin embargo, es correcto. Vimos que los cambios en la consciencia se acompañan de vibraciones en la materia, y que esas vibraciones se reproducen por simpatía en los cuerpos vecinos. Si una persona siente odio, está deprimida o es vengativa, su cuerpo astral vibrará del modo correspondiente a esas emociones. El cuerpo astral de cualquiera que se acerque será impreso con ellas y comenzará a vibrar al unísono con él, produciéndole sentimientos similares, los cuales reforzarán las vibraciones de su cuerpo astral, que las retornará reforzadas, vigorizando aquellas de la primera persona. Este intercambio fatal sigue incrementando el mal. Pero si la segunda persona comprende la ley, sujeta su cuerpo astral por medio de la voluntad, evita que se reproduzcan las vibraciones que le llegan e impone sobre él un conjunto de vibraciones contrarias, o sea, las que acompañan los sentimientos de amabilidad, alegría o perdón, frenará a las vibraciones causadas por las emociones erróneas y las cambiará por sus opuestas. El Señor Buda enseñó: "El odio no cesa nunca por el odio, sino por el amor". Esto es tan verdad como que un rayo rojo de luz sofoca a un rayo verde y deja quietud o ausencia de vibraciones lumínicas. Ésta es una ley de la naturaleza que puede ser verificada. Cumplir esta ley es sustituir una relación armoniosa por una no armoniosa, o ser moral. La teosofía afirma como código ético los preceptos universales de los grandes Maestros, y estudia su racionalidad científicamente, como lo que vimos, e históricamente, en sus efectos sobre la evolución y la felicidad humanas. Ve su verificación en los desastres que siguen al olvido de tales preceptos tanto como en la seguridad y el confort que siguen a su observación, aunque dicha observación sólo haya sido parcial, excepto en el ejemplo que dan los grandes Maestros en sí mismos. Su moralidad es, por lo tanto, ecléctica. En el jardín del mundo se eligen las mejores y más fragantes flores plantadas por los grandes Maestros, las que unidas en un exquisito ramo se llaman teosofía como moralidad.

Ideales

Para inspirar una conducta moral en los teósofos, la teosofía señala a los grandes Maestros como ejemplos, e inculca la formación de una moral ideal, así como la práctica de la meditación consecuente. Un ideal es la síntesis de ideas verdaderas fijas, que se dan como objeto de un pensamiento atento y sostenido, y que, por lo tanto, influencia la conducta. Por la ley del pensamiento (que se trata en la sección 3), el efecto de éste es transformar al pensador en algo parecido a su ideal, y se construye de esta manera un carácter noble. Siguiendo esta línea de evolución moral, los teósofos tratan de guiar a los aspirantes hacia "No a la ley de las necesidades carnales, sino al poder infinito de la vida". Fijamos nuestra mirada en los Maestros del mundo, y buscamos vivir de tal manera que algún rayo de su esplendor moral pueda encarnar en nosotros, y que también nosotros podamos, en nuestra humilde medida, iluminar las tinieblas del mundo.

44

El aspecto forma-arte

En el mundo antiguo, lo bello se colocaba al mismo nivel de lo bueno y verdadero, y el culto a la belleza era lo correcto en la vida del ser humano común. Pitágoras dijo que el arte hace la diferencia "entre el bárbaro y el hombre", y que el arte y la literatura pura eran medios en la cultura. Ellos pulen la piedra una vez que la ciencia y la filosofía han devastado la piedra en bruto de la cantera y le han dado forma. Más allá de Grecia, la belleza tuvo un lugar similar en la civilización, como también en Egipto y en el gran pueblo atlante en las Américas. En realidad, no hubo civilización conocida en el mundo, hasta ésta del siglo XIX, que haya dejado relegada la belleza a un lujo para las personas acaudaladas, en lugar de esparcirla a lo ancho y largo de toda la masa de población como una de las necesidades comunes para una vida decente. En casi todos los países europeos, el arte y las artesanías de los paisanos están casi muertos. Su antiguo aspecto, adecuado y hermoso, ha caído en desuso, reemplazado por miserables copias de las grotescas modas que se lanzan en París y Londres. El resultado es que la clase laboriosa manual ha sido completamente vulgarizada, ha perdido su sentido interno de belleza (de la cual sus indumentarias, hechas como pasatiempo en las horas de descanso, son testigos elocuentes), y en esa pérdida, el resultado es lastimosamente burdo y brusco. La difusión de fealdades civilizadas está amenazando la belleza que aún queda en el mundo en la vida común del lejano Oriente, y el destructivo cambio puede resumirse en el simple hecho de que la lata de queroseno en desuso está ocupando el lugar de los recipientes admirables de bronce lustrado o de arcilla que se usaban para llevar agua a la casa desde el pozo. Cuando la joven campesina, que ahora lleva esta atrocidad de lata sobre su cabeza, deje su gracioso sari de ese exquisito color verde vegetal y se ponga una horrible falda teñida con anilinas y una blusa de Occidente, entonces habrá completado su vulgarización y, con ello, el triunfo de la civilización occidental.

45

La belleza como ley de la manifestación

Desde el punto de vista de la teosofía, el sentido de belleza es una parte inapreciable de la naturaleza emocional, y es a ella lo que la verdad es al intelecto, y lo que la bondad es a la intuición. Ve la belleza como ley de la manifestación, a la cual todos los objetos deben conformar. La fealdad es contra natura e intolerable, y la naturaleza siempre lucha por esconderla y transformarla, cubre lo feo con la riqueza de su belleza: sobre una montaña de escoria tiende sus enredaderas, adorna una pared derruida con sus tallos de madreselva y despliega sobre ella una guirnalda de rosas, planta los costados de la acequia con violetas perfumadas y esparce una capa de anémonas y jacintos salvajes sobre los espacios vacíos de la selva. Con sus miríadas de voces predica que la belleza es una condición esencial de la divinidad y, por lo tanto, de todo trabajo perfecto.

La religión siempre ha sido la madre que crió el arte: la fe egipcia le dio Philae al mundo; el hinduismo, los enormes templos de Madura y de Chidambaran; Grecia, el Partenón y muchas gemas; el islam, la Alhambra, la Perla Morisca y el Taj Mahal; la cristiandad, las nobles catedrales góticas, sin mencionar la música, las pinturas y las esculturas que han glorificado la vida de los hombres. El arte es inconcebible sin la religión. La más hermosa arquitectura ha sido concebida para los templos y sobre ella se han modelado otros edificios. Si ha decaído es porque la religión ha salido de la vida ordinaria y, con la falta de inspiración, el arte se ha transformado en imitativo en lugar de creativo. El nuevo impulso teosófico traerá un nuevo florecimiento del arte, y ya se siente su fragancia en la brisa que sopla desde el futuro.

Creación, no imitación

46

Desde el punto de vista teosófico, la imitación, aunque sea perfecta y agradable, no es la expresión más elevada del arte. Las formas son construidas por los espíritus de la naturaleza y por los ángeles inferiores, con la materia compenetrada por la vida del Logos; ellos construyen alrededor de sus pensamientos-formas, materializando sus ideas. Mirando una exquisita flor, nosotros los humanos podemos observar algo más del divino espíritu en ella de lo que el poco desarrollado espíritu de la naturaleza puede ver y corporificar. Sin embargo, el artista puede ver mucho más que nosotros: observa los muchos aspectos del pensamiento, de los cuales la forma es sólo una faceta; ve el ideal, y esto es lo que queremos que nos muestre. Rafael pintó a una mujer con una criatura en los brazos, nosotros hemos visto a muchas mujeres llevando a sus hijos, pero el pintor de la Madonna di San Sisto vio a la madre ideal y al hijo ideal, la infinita ternura y protección de la madre y la exquisita dulzura y candidez del niño; es decir que no solamente miró a la madre y al hijo, sino la maternidad y a la niñez, la eterna perfección de la idea, y las pintó para deleite y amor de las generaciones venideras. Y nosotros, ciegos, podemos ver ahora a la Madonna y su bebé en cada madre e hijo, y el mundo entero está más despejado porque Rafael vivió y vio. Si la teosofía no puede darle al arte una nueva inspiración, fallará parcialmente en su propósito porque la belleza es uno de los instrumentos más potentes para acelerar la evolución y la armonía, sin las cuales la vida no puede ser feliz, y ella encuentra su expresión natural en el arte. La perfección en las formas debe de acompañar la perfección en el pensamiento.

SECCIÓN 3

La Teosofía como filosofía

La filosofía es una explicación de la vida, construida por la mente y aceptada por el intelecto. Sin una explicación que satisfaga la razón, el hombre permanece inquieto y disconforme. La inteligibilidad de la vida es una tortura para el pensamiento; no puede descansarse sobre la nebulosa de un remolino de fuerzas y eventos, de un hirviente caos que arroja fragmentos que no pueden acomodarse dentro de un gran todo. La mente demanda imperativamente un orden, una sucesión, una conexión casual, un ritmo establecido de movimientos poderosos, una relación del pasado con el presente y del presente con el futuro. El más profundo instinto de la mente del hombre lo hace comprender, y nunca quedará tranquilamente satisfecho hasta que no obtenga esta comprensión. Puede sufrir pacientemente, luchar con perseverancia, soportar heroicamente si siente que hay un propósito, si ve una meta delante de sí; pero si no puede visualizar el camino ni conoce el final, si es desviado por causas que no comprende y abofeteado por fuerzas que se arremolinan a su alrededor en la oscuridad, es capaz de irrumpir en una cruel rebeldía, en una rebelión salvaje y desperdiciar su fortaleza en acciones sin finalidad alguna.

Ajax, combatiendo en la oscuridad, hizo una frenética apelación a los Dioses:

Si nuestro destino es la muerte,
Danos la luz, y déjanos morir

Él es un símbolo de la humanidad, debatiéndose en la oscuridad de la ignorancia y clamando apasionadamente a "cualquier Dios que pudiera haber" enviarle a él y los demás la luz, aunque ésta significara la muerte.

47

Tres bases para la filosofía

El hombre ha luchado por comprender los misterios de la existencia mediante acercamientos desde uno de los tres puntos de vista opuestos entre sí:

1. Todo proviene de la materia, la existencia una, y ésta, con su energía inherente, produce todas las formas y da nacimiento a la vida a través de ellas. Como dijo el profesor Tyndall en su famoso discurso en Belfast, debemos "ver la materia como la promesa y la potencia de cada una de las formas de vida". El pensamiento es el resultado de la actividad de ciertas combinaciones en la materia: "El cerebro produce los pensamientos", dijo Karl Vogt, "tal como el hígado produce la bilis". Con la disolución de la forma, la vida se esfuma, y es tan inútil cuestionarse dónde está como preguntar dónde está la llama cuando se apaga la vela: la llama era solamente el resultado de la combustión, y con su cese, ésta también debe necesariamente cesar. Toda la filosofía materialista está edificada sobre esta base.

2. Todo proviene del espíritu, mente pura, la existencia Una, y la materia es simplemente una creación del espíritu embebido en pensamiento. Realmente no hay materia, es una ilusión, y si el espíritu se eleva sobre esta ilusión, es libre, autosuficiente y omnipotente. Se imagina separado, y es separado; imagina objetos, y está rodeado de ellos; imagina penas, y sufre; imagina placeres, y disfruta. Si se sumergiera en sí mismo, todo el universo se disiparía como un sueño, sin "dejar atrás ni una brisa". Todas las filosofías idealísticas están construidas sobre esta base, con un cuidado mayor o menor en su desarrollo.

3. Espíritu y materia son dos aspectos de la existencia una, del todo, que proviene del Uno conjuntamente, unido e inseparable durante la manifestación, como la parte posterior y el frente de la misma cosa, sumergiéndose en la unicidad otra vez al cierre del periodo de manifestación. En el todo existe simultáneamente en un eterno presente lo que fue, lo que es y lo que será. En esta totalidad surge una voz, que es una palabra, un Logos, Dios manifestándose a sí mismo. Esta palabra separa del todo aque-

llas ideas que él selecciona para su futuro universo, y las ordena dentro de sí de acuerdo con su voluntad; se limita a sí mismo por su propio pensamiento, creando de esta manera el "círculo no se pasa" del universo en formación, ya sea un sistema solar, un conglomerado de sistemas solares, un conglomerado de conglomerados, etc. Dentro de este círculo están las ideas, siempre iniciadas eternamente por el movimiento incesante que es la vida una, dentro de la quietud, que es lo opuesto y soporta a todo. El movimiento es la raíz del espíritu que será, al manifestarse, el tiempo o los cambios en la consciencia; la quietud es la raíz de la materia, el éter omnipresente, inmóvil, sustentador de todo, omnipenetrante, que al manifestarse será el espacio. Toda la filosofía teosófica está asentada sobre la base de espíritu y materia como dos aspectos manifestados del Uno, el Absoluto, fuera del tiempo y el espacio. La forma de exponer estas verdades difiere mucho de la de Helena Petrovna Blavatsky, que las ha expuesto con gran fuerza, pero con algo de oscuridad en el lenguaje, al comienzo de su obra *La doctrina secreta*. Bhagavan Das hace unas afirmaciones singularmente profundas y lúcidas en su libro *La ciencia de la paz*, donde postula al ser y al no-ser (o espíritu y materia) y la relación entre ellos, como la gran trinidad, lo ulterior del pensamiento que se resuelve en el Uno.

49

Triplicidad

El Logos se muestra a sí mismo en su universo o sistema bajo tres aspectos o "personas de la trinidad cristiana", que son voluntad, sabiduría (amor-conocimiento) y creatividad (actividad). La Mónada humana es un fragmento de su Divino Padre, y reproduce en sí estos tres aspectos, que se manifiestan en el hombre como espíritu. Por lo tanto, la voluntad espiritual humana, al ser parte de la voluntad una, es un poder irresistible cuando el espíritu realiza su unificación con el Logos. Nada en la naturaleza puede estar velado a la sabiduría espiritual humana. Todo podrá lograr la creatividad espiritual humana. Este último aspecto de la trinidad humana puede construir todo lo que la sabiduría puede concebir y la voluntad determinar. Como el intelecto en los mundos más sutiles y la mente en el más bajo, se extiende en el cosmos para conocer, para comprender. Por aquello cuya "naturaleza es conocimiento", el hombre se entera de todo lo que está fuera de él, el no-ser de la frase hinduista. Vimos que, mediante el uso de cuerpos, el hombre puede conocer el universo exterior, y su consciencia conocer sus alrededores, comenzando, para usar la terminología de Mr. Myer, con su propia tierra, como consciencia planetaria, y puede extenderse al universo como consciencia cósmica. La razón demanda esto como una verdad necesaria, no porque haya sido testificada por genios gigantes espirituales, sino porque hay zonas en la consciencia planetaria que son inteligibles, sin causa e inalcanzables, a menos de que se cuente con una consciencia cósmica que las distinga y hacia la cual se tienda. La religión, el arte, el amor pleno y autosacrificado son, como se les ha llamado, subproductos y tonterías si nosotros no somos más que mosquitos de un día que bailan al brillo del sol y se desparraman con la tormenta; si construimos civilizaciones con trabajos y sufrimientos infinitos para que perezcan; si todo lo que deja como impreciso registro la humanidad es un planeta helado danzando en el espacio hasta su aniquilación, la aburridora e inútil labor que siempre requiere renovación y cuyos resultados son siempre destruidos. Para la filosofía teosófica, el hombre es una inteligencia espiritual eterna, cuyas raíces están en Dios y cuyas incontables actividades desarrollan sus propios poderes inherentes, que nadie puede aniquilar, a menos que él mismo deje de lado alguno por no tener más utilidad para él, y aun así queda en la memoria eterna. Para un ser así, los universos sólo son juguetes instructivos que sirven para su educación y que puede romper en pedazos sin perturbar su serena ecuanimidad, porque ellos son medios hacia una finalidad. El universo, como un molinete que muele nada, torna una carga a la existencia y un eterno castigo la vida, sin dejarnos siquiera a alguien que imponga la carga para poder mover su piedad, o a un juez al que pudiéramos recurrir para aliviar el castigo. La teosofía ve al hombre como un poder en desarrollo que va de fortaleza en fortaleza, errando sólo aquello que debe aprender, y sufriendo sólo aquello que puede proporcionarle una vida fuerte, radiante, gozosa y victoriosa, cuyo "crecimiento y esplendor no tiene límites". Filosóficamente considerado, el hombre, como todo lo demás, está compuesto de sólo dos factores: espíritu y materia. Los diversos cuerpos que la ciencia oculta describe son, desde el punto de vista filosófico, su envoltura material; constituyen en su totalidad su cuerpo simplemente. El hombre es una inteligencia espiritual en un cuerpo. Sus constituyentes o formas de materia física, emocional, mental, intelectual, intuicional o espiritual no son más afines a este estudio de lo que son los sólidos, líquidos, gases y éteres que componen el cuerpo físico del hombre.

Pensamiento-poder

51

El pensamiento es la manifestación de la creatividad o el tercer aspecto de la triplicidad humana, y la filosofía teosófica lo aplica para apurar la evolución. La aplicación de las leyes generales de la evolución de la mente al apuro de la evolución de una consciencia en particular se llama yoga en el Este. La palabra significa "unión", y se usa para indicar la unión consciente de lo particular con lo universal, así como los esfuerzos que se realizan en ese sentido. Los métodos de yoga son puramente científicos, ya que el conocimiento de las leyes de la evolución mental e intelectual se han obtenido por la observación y se han establecido por la experimentación. Se ha probado, y puede volver a probarse en cualquier momento, que el pensamiento concentrado en una idea incorpora ésta como parte del carácter del pensador y, por lo tanto, el ser humano puede crear en sí mismo cualquier cualidad deseable, sustentándola por medio de un pensamiento atento o una meditación. El juego descuidado del pensamiento sobre ideas no deseables es un peligro activo que crea una tendencia hacia tales ideas y conduce a acciones que las corporifican. Las acciones son una triplicidad: el deseo las concibe, el pensamiento las planifica y finalmente se corporifican. Este acto final a menudo se precipita por circunstancias favorables, cuando el deseo ha sido fuerte y el pensamiento ha delineado completamente su realización. La acción mental precede a la física, y cuando una persona ha holgazaneado con el pensamiento con la idea de una acción buena o dañina, puede de pronto encontrarse realizándola en el mundo manifestado aun antes de que se dé cuenta de lo que está haciendo; cuando la compuerta de la oportunidad se abre, la acción mental escapa hacia la física. La actividad mental concentrada puede dirigirse hacia los cuerpos mental, emocional o físico, recreándolos en una magnitud proporcional a la energía, la perseverancia y la concentración empleadas. Todas las escuelas de curación, como la ciencia cristiana, utilizan este poderoso medio para obtener resultados, que dependen tanto de los conocimientos de los practicantes como de la fuerza que emplean y del medio en que se realizan, o sea, el cuerpo de los pacientes. Innumerables éxitos prueban la existencia de las fuerzas que se manejan y los fracasos no confirman que no existan tales fuerzas, sino que su manipulación no ha sido adecuada o que no ha sido evocada bastante para la tarea que se realiza. Al ser reconocido el poder del pensamiento en la teosofía filosófica como el Creador Uno, se le considera trabajando en la evolución; y el admirable método de la reencarnación bajo la ley de acción y reacción, llamada karma en el Oriente, planifica para la evolución de la consciencia humana.

52

Reencarnación

Ya se ha explicado el objetivo del hombre de tomar cuerpos (o encarnación), y que sus tres cuerpos superiores constituyen su vestidura permanente y se desarrollan y crecen con el desarrollo de su consciencia. Vimos también que los tres cuerpos inferiores son temporales y que existen por un ciclo de vida definido que se pasa en los tres mundos: la Tierra, el mundo intermedio y el cielo. Al retornar a la Tierra, asume nuevos cuerpos; ésta es la reencarnación. La necesidad de esto yace en la comparativa densidad de la materia con la cual están compuestos los mundos inferiores; los cuerpos hechos con ella sólo pueden crecer y expandirse dentro de ciertos límites mucho más estrechos que aquellos que corresponden a los cuerpos sutiles. Impulsados más allá de éstos por el constante desarrollo de la consciencia, pierden su elasticidad y no pueden usarse más; además, se ponen viejos por esta constante tendencia y se desechan. Al final de un ciclo de crecimiento, cuando la consciencia se ha establecido definitivamente a sí misma en la nueva etapa de evolución, necesita cuerpos nuevos a medida de la expresión de sus poderes mejorados. Si esto no hubiera sido dispuesto así en el plan, seríamos como niños encerrados en una armadura de acero, confinados en el crecimiento por la falta de expansión. Los pequeños crecen a pesar de sus vestimentas, y les proporcionamos otras. Nosotros crecemos más allá de nuestros cuerpos, y nuestro Padre, el Logos, nos da otros nuevos. El método es muy simple: se planta la semilla de la consciencia divina en el suelo de la vida humana;

nutrida por dicho suelo, que es la experiencia, estimulada por el rayo solar del regocijo, expendida por la lluvia de las penas, se dilata y germina en una planta, en flores y frutos, hasta que logra parecerse a su árbol padre. Dicho sin metáforas: el espíritu humano, la vida germinadora, entra en el bebé de un salvaje, que tiene escasa inteligencia y ningún sentido moral; vive allí durante cuarenta o cincuenta años dominada por deseos, robos, asesinatos, y finalmente es asesinada. Pasa por el mundo intermedio, se encuentra con muchos viejos enemigos, sufre, ve vagamente que su cuerpo ha sido asesinado por haber asesinado a otros y llega a alguna conclusión imprecisa acerca de la inconveniencia de matar, lo que queda muy tenuemente impreso en su consciencia; disfruta los resultados de algún tenue acto de amor que haya realizado. Vuelve con algo más de conocimientos de los que tenía en su primera encarnación. Esto se repite una y otra vez hasta que, gradualmente pero de forma definida, llega a la conclusión de que el asesinato, los robos y otras acciones semejantes causan infelicidad, y que el amor y la amabilidad traen felicidad. Ha adquirido una consciencia, aunque no mucha, y ésta es fácilmente sobrepasada por cualquier deseo fuerte. Los intervalos entre nacimientos son al principio muy cortos, pero se alargan gradualmente a medida que se incrementa el poder de su pensamiento hasta que se establece la ronda normal de los tres mundos. En el primero gana experiencia, en el segundo sufre por sus errores y en el tercero disfruta los resultados de sus buenos pensamientos y emociones, y también aquí elabora la totalidad de sus buenas experiencias mentales y morales transformándolas en facultades mentales y morales. En este mundo celestial estudia luego sus vidas pasadas y sus sufrimientos debido a sus errores, lo cual le proporciona conocimientos y, consecuentemente, poder. "Cada pena que he sufrido en un cuerpo se transformó en un poder que aproveché en el próximo". Su estadía en el tercer mundo incrementa la riqueza y la extensión de sus logros a medida que progresa. Finalmente, se acerca el término de su largo peregrinaje: entra en el sendero, pasa por las grandes iniciaciones y alcanza la perfección humana. La reencarnación ha sido trascendida porque ha espiritualizado materia para su propio uso, y en tanto la use, ella no lo cegará ni lo regirá.

Echando un vistazo a esta larga serie de vueltas de la rueda de nacimientos y muertes, el hombre puede tener un sentimiento de fastidio. Pero se debe recordar que cada periodo de vida es nuevo para el que la vive. Hay un sabio ordenamiento mediante el cual el hombre olvida su pasado, al menos hasta que sea suficientemente fuerte como para soportarlo, y decir regocijadamente, como Goethe: "Volvemos bañados y frescos". No hay sentido de fastidio en la criatura que salta gozosa a encontrarse con su nueva experiencia, sino un sentido de agradable vitalidad, deseo gozoso y regocijo siempre fresco. Un alma desgastada por lo ya recorrido que entrara en el cuerpo de una criatura, con el peso de la memoria pasada de luchas y desatinos, de amores y odios, sería un mal intercambio para el regocijo de una niñez saludable. Cada vida es una nueva oportunidad, y si hemos desperdiciado una vida, tenemos siempre otra. La reencarnación es esencialmente un Evangelio, buenas noticias, porque pone un final a la desesperación, promueve el esfuerzo, se solaza con la proclamación del éxito final y asegura la permanencia de cada fragmento, de cada semilla, de cada bondad en nosotros, con tiempo suficiente para que el menos evolucionado florezca en perfección; su valor como explicación de la vida es indecible. El criminal, el más bajo y vil, el más pobre y peor espécimen de la raza es un alma-niña, que viene en un cuerpo salvaje a la civilización en la cual no encaja siguiendo sus propios instintos, pero la cual le proveerá un campo para su rápida evolución si sus mayores lo toman de la mano y lo guían firme y suavemente. Él está todavía en la etapa en que el hombre medio estaba hace aproximadamente un millón de años, y evolucionará en el futuro como lo ha hecho en el pasado. No hay diferencias sino parciales con quienes están situados de forma diferente a él; sólo hay diferencias de edades. Las desigualdades internas entre los hombres no tienen por qué ocasionarnos más tensiones, sean las diferencias entre el que tiene una forma hermosa y el deforme, entre el enfermo y el sano, entre el genio y el tonto, entre el santo y el criminal, entre el héroe y el cobarde. En verdad, ellos han nacido así, trayendo al mundo esas desigualdades que no han podido trascender, pero son más jóvenes en experiencia o han llegado a ser lo que son bajo las leyes de la naturaleza. Las debilidades desaparecerán a su debido tiempo, presentándoseles oportunidad tras oportunidad. Cada altura estará abierta para que la escalen, y contarán con la energía necesaria para hacerlo. El conocimiento de la reencarnación nos guía, como veremos en la sección 5, para lidiar con los problemas sociales; nos muestra también cómo han evolucionado los instintos sociales, por qué el autosacrificio es la ley de la evolución para el hombre y cómo podemos planificar nuestra futura evolución bajo las leyes naturales. Nos enseña que las cualidades que han evolucionado desde la experiencia terrenal vuelven a la Tierra para el servicio al hombre, y cómo cada esfuerzo que se realiza da plenos resultados bajo leyes inequívocas. Dándoles el tiempo suficiente, pone en las manos de los hombres el poder de elaborar su destino a voluntad, y crear de acuerdo con sus ideales; señala un futuro de poder y sabiduría siempre crecientes y racionaliza nuestras esperanzas de inmortalidad. Hace del cuerpo el instrumento del espíritu en lugar de su dueño y elimina el miedo de que, así como el espíritu necesita un cuerpo físico para nacer a la existencia, también puede perecer cuando se le priva del cuerpo a la hora de morir. Como dice Hume, es la única teoría sobre la inmortalidad a la cual tiene acceso el filósofo. La memoria de las vidas pasadas tiene asiento en el intelecto, no en la mente, o sea, en el individuo permanente, no en la persona mortal.

Vimos en la sección 1 que los cuerpos inferiores perecen y se construyen nuevos para ingresar en el nuevo periodo de vida. Ellos no han pasado por las experiencias de las vidas pasadas. ¿Cómo, entonces, podrían gravarse en su memoria? El hombre que recuerda sus vidas pasadas debe ser consciente del cuerpo astral, donde reside dicha memoria, y aprender también a enviar hacia abajo la memoria hacia la consciencia cerebral; esto puede hacerse mediante la práctica del yoga, y el hombre puede desentrañar y leer el registro imperecedero del pasado. Tenemos el hábito de entender la reencarnación desde el punto de vista de la naturaleza mortal del hombre, y observamos de esta manera una sucesión de vidas que describimos como "reencarnaciones", pero es bueno también considerar la cuestión desde el punto de vista del Hombre Eterno, la Mónada, manifestándose como el triple espíritu. Vista de esta manera, la reencarnación desaparece, a menos que digamos que un árbol reencarna en cada primavera cuando desarrolla hojas nuevas, o que el hombre reencarna cuando se pone un traje nuevo. La personalidad, que nos aparece como algo tan importante, es sólo un nuevo conjunto de hojas o un traje nuevo. El hombre se reconoce como uno a través de la no quebrada continuidad de consciencia, con una identidad única y una memoria ininterrumpida. Los días de vida mortal no tienen más entidad que la larga sucesión de días mortales tienen para nuestra consciencia física. Nos levantamos a la mañana y atravesamos intereses siempre renovados, y cada nuevo día trae sus propios placeres y sus propias aflicciones que pasamos con deleite. El hecho de que nuestro cuerpo físico siempre está cambiando no nos perturba ni un poquito; independientemente de esto, somos lo mismo. En la vida más larga es igual: somos el espíritu siempre vivo y siempre activo. Cuando nos damos cuenta de esto, las aflicciones y el fastidio se van porque los vemos como pertenecientes a algo que no es nosotros. Detenerse en el centro fijo y ver la rueda girar desde allí es muy refrescante y útil. Si alguno de mis lectores se siente cansado, lo invito a ver por un instante este lugar de paz.

La ley de acción y reacción

La reencarnación se lleva a cabo bajo la ley de acción y reacción-karma. La palabra "karma" significa "acción", y vimos que cada acción es una triplicidad. Los hinduistas, que han estudiado psicología durante miles de años, analizan las acciones como constituidas por tres factores: el pensamiento que, estimulado por el deseo, las planifica y les da forma; la voluntad (o el deseo) dirige las energías mentales juntas hacia su cumplimiento, y el acto en sí toma forma en el mundo mental. Está entonces listo para su manifestación y presiona hacia afuera, hacia la corporificación; es expulsado al mundo físico cuando el pensador puede crear la oportunidad mediante su voluntad-poder o cuando la oportunidad se presenta por sí. Entonces sale precipitado como un acto visible. Todo el proceso es visualizado por los hinduistas como una unidad triple, que es llamado karma (acción). Es necesario comprender esto con claridad para poder captar las tres leyes subsidiarias que afectan el destino futuro. Pero antes es necesario darse cuenta de que el karma es una ley de la naturaleza y no una disposición arbitraria que puede cambiarse a voluntad, y que produce resultados pero no recompensas ni castigos. Una ley de la naturaleza no es una disposición, sino una relación, una secuencia invariable. No recompensa ni castiga, pero produce resultados invariables y, por lo tanto, predecibles. Puede establecerse, en general, que allí donde A y B tengan cierta relación entre sí, se producirá C. Supongamos que objetamos C; debemos mantener A y B fuera de esta relación. La naturaleza no dice: "Usted debe tener C". Usted debe tenerlo si A y B tienen cierta relación. Pero si podemos mantener A y B fuera de tal relación por algún dispositivo —por la interposición de alguna fuerza o algún obstáculo—, C no aparecerá. Consecuentemente, cuanto mejor entendamos la naturaleza, mejor seguiremos nuestro camino por las sinuosidades de sus leyes. Cada una de éstas es una fuerza que capacita al hombre que comprende, y una fuerza compulsiva para el ignorante. Somos perfectamente libres para balancear dichas fuerzas una contra otras, para neutralizar aquellas que están contra nuestros propósitos, dejando libres las que los cumplen. Se dijo con verdad: "La naturaleza se conquista por la obediencia". El hombre ignorante es su esclavo y su juguete; el conocedor es su conquistador y su rey. El karma es una ley de la naturaleza; compele al ignorante, pero deja en libertad al sabio. Las tres expresiones subsidiarias de ella que más influyen en nuestro destino son las siguientes: "El pensamiento construye el carácter", "El deseo atrae sus objetos y crea la oportunidad para atraparlos", "La acción ocasiona un medioambiente favorable o desfavorable según haya producido felicidad o desgracia a otros".

1. Al tratar el pensamiento-poder ya hemos visto la primera: cualquiera que decida pasar cinco minutos todas las mañanas con un pensamiento tranquilo sobre cualquier virtud que no posea, después de un tiempo (la duración dependerá de la quietud y la fortaleza de su pensamiento), hallará esa virtud, reforzándola en él.
2. Un deseo fuerte y firme ocasiona su cumplimiento, lo que se ve con frecuencia dentro del límite de una vida; una ojeada a varias vidas sucesivas evidencia esta ley sin duda alguna.
3. Quienes hacen felices a los demás, cosechan felicidad para sí mismos; la felicidad se logra no buscándola y siempre elude a quienes tratan de lograrla más apasionadamente. Esto, una vez más, surge con mayor claridad pasando revista a varias vidas: aquél que ha ocasionado una felicidad general nacerá en circunstancias de prosperidad, en tanto que quien ha desparramado desdicha, aparecerá en un medioambiente desafortunado. Pero la ley opera de forma tan exacta ("El pensamiento construye el carácter") que si ha ocasionado felicidad con motivos egoístas, su egoísmo dará por resultado una naturaleza miserable, aun rodeado de todo lo que hace placentera la vida.

"Aunque los molinos de Dios muelen despacio,
muelen muy fino; aunque él se detiene y espera
con paciencia, muele todo con exactitud."

Toda vez que el karma es el resultado, en un tiempo determinado, de todos los pensamientos, deseos y acciones pasados manifestados en nuestro carácter, oportunidades y medioambiente, limita nuestro presente. Si somos mentalmente perezosos, no podemos volvernos brillantes de golpe; si tenemos pocas oportunidades, no podemos siempre crearlas; si estamos tullidos, no podemos ser sanos; pero, según lo que creamos, así podremos cambiar. Nuestros pensamientos, deseos y acciones presentes cambian nuestro futuro karma día a día. Además, es bueno recordar, especialmente si estamos frente a un desastre venidero, que el karma detrás nuestro está tan mezclado como lo están nuestros pensamientos, deseos y acciones. Una revisión todos los días demostrará que contiene algunos pensamientos buenos y algunos malos, algunos deseos nobles y algunos no tanto, algunas acciones amables y otras lo contrario. Cada clase tiene su efecto: las buenas hacen un buen karma, y las malas, lo contrario. Es decir que, cuando afrontamos una desgracia, es que tenemos detrás de nosotros una corriente de fuerza que nos ayuda a superarla y otra que nos debilita. Una de ellas puede ser mucho más fuerte, en el sentido de ayudar o de impedir y, en este caso, el esfuerzo que realicemos sólo jugará un papel secundario en cuanto a los resultados. Pero a menudo las dos fuerzas están más o menos balanceadas y entonces un buen esfuerzo en el presente puede definir la situación. El conocimiento del karma debería, consecuentemente, reforzar los esfuerzos y no paralizarlos, como desgraciadamente ocurre con aquellos que conocen poco del asunto. Nunca debe olvidarse que el karma, por ser una ley de la naturaleza, nos deja toda la libertad que seamos capaces de tomarnos. Hablar de la "interferencia del karma" es hablar sin sentido, excepto si se quiere significar la interferencia por la gravitación. Con respecto a esto, podemos interferir con ambos tanto como podamos; por ejemplo, si nuestros músculos están debilitados por la fiebre, podemos estar imposibilitados de subir la escalera en contra de la gravitación, pero si son suficientemente fuertes, podremos subir gozosamente, desafiando la gravitación para que no nos deje en la habitación de abajo, así es con el karma. Una vez más, la naturaleza no ordena hacer esto o aquello, mantiene invariables las condiciones bajo las cuales las cosas pueden hacerse o no. Está en nosotros encontrar las condiciones que nos capacitarán para tener éxito y, en este caso, todas sus fuerzas trabajarán con nosotros y acompañarán nuestros deseos. "Acallara tu vagón a una estrella", dice Emerson, y la fuerza de la estrella arrastrará al vagón hasta el lugar asignado.

Hay otro punto de vista práctico que es de suprema importancia: podríamos, en el pasado, haber realizado alguna fuerza kármica especial de maldad tan fuerte que somos incapaces de superarla con cualquier acción que realicemos ahora. En estas circunstancias, estamos impulsados a hacer el mal, aunque nuestro deseo sería hacer el bien, y nos sentimos como paja al viento. No importa, igual tenemos recursos. Cuando llega la tentación del mal, podemos encararla: sintiendo que debemos ganar, tendríamos una ganancia supina, forjando de esta manera un eslabón más en la mortal cadena del mal. Sin embargo, el conocedor del karma dice: "Yo he creado esta odiosa debilidad por incontables concesiones a los bajos deseos; establezco contra ella la forma más elevada del deseo, la voluntad, y me rehúso a caer". En la batalla contra la tentación, el hombre se esfuerza etapa tras etapa hasta que puede caer en la acción, aunque no en la voluntad. Para los ojos del mundo ha caído y es víctima sin esperanza de su esclavitud; a la mirada del conocedor del karma, en su lucha, ha desechado mucha de la cadena que todavía lo ata, un poco más de estas "caídas", y se romperá la cadena y quedará libre. Un hábito creado por muchos deseos equivocados no puede destruirse por un solo esfuerzo del deseo correcto, excepto esos raros casos en los cuales el Dios interno se despierta y con un solo toque de la fiera voluntad espiritual quema las cadenas. Tales casos de "conversión" son conocidos, pero la mayor parte de estos hombres siguieron un largo sendero. Cuando más entendamos el karma, más resulta un poder en nuestras manos en lugar de un poder que nos ata. Quizá aquí, más que en cualquier otra cosa, puede decirse que: "Saber es poder".

SECCIÓN 4

La Teosofía como religión

Vimos que el espíritu, como hombre, tiene tres aspectos que se manifiestan como voluntad, intuición e intelecto en los tres cuerpos más sutiles; pero la palabra también se usa en un sentido más estrecho. El primero de los tres aspectos indica el que está manifestado en el mundo más elevado de nuestro quíntuple sistema, el mundo espiritual o nirvánico, donde su manifestación es voluntad o poder. La palabra es también a menudo utilizada para señalar los dos aspectos superiores, incluyendo la intuición, a lo cual no pueden hacerse objeciones. Los dos aspectos, por cierto, representan la "naturaleza espiritual" del ser humano, como el intelecto y la mente representan su inteligencia; las emociones, sus sentimientos, y el cuerpo, su instrumento de acción. Vimos cómo esta división marca los grandes departamentos del pensamiento humano: el científico, el ético-artístico, el filosófico y el religioso, por lo que resulta conveniente. Pero, en beneficio de una perfecta claridad, usaré la palabra "espíritu" para identificar a la Mónada revestida en un átomo del mundo manifestado más elevado, y la palabra "intuición" para señalarla revestida en un átomo adicional del que le sigue hacia abajo. La palabra "religión" indica la búsqueda de Dios por el hombre y la respuesta de Dios a esta búsqueda. La respuesta de Dios es su propia revelación al espíritu inquisidor del hombre. Así como la atmósfera nos rodea e interpenetra pero permanecemos inconscientes de ella, aunque toda nuestra vida depende de este hecho, así el Espíritu Universal rodea e interpenetra al espíritu particular, el cual no conoce a aquél de quien depende:

61

*"Él está más cercano que la respiración,
más próximo que las manos y los pies."*

Conocer a Dios es, pues, la esencia de las religiones que, como ya explicamos, todas testifican. Todo lo demás es subsidiario, y el hombre que conoce esto es un místico, un gnóstico, un teósofo. Los nombres pueden ser, por cierto, muchos, pero sólo aquellos "que conocen" pueden usarlo en su significado pleno. "Dios es inmanente en todo" es la afirmación de la verdad de la naturaleza que hace posible tal conocimiento. "Dios es todo y está en todo" es la manera cristiana de decir la misma verdad. Aunque San Pablo lo puso en el futuro, los místicos lo ponen en el presente. ¿Qué significa?

La inmanencia de Dios

Significa que la esencia de la religión es este reconocimiento de Dios en todas partes; el verdadero teósofo ve en cada una de ellas una porción de su divino esplendor. En la estabilidad de las montañas, en la pujanza de los golpes de mar, en el arrastre de los vientos ve su fortaleza; en las profundidades del espacio salpicado de estrellas, en la amplia extensión de los desiertos ve su inmensidad; en el color de las colinas floreadas, en el correr de los arroyos, en las profundidades verdes de las selvas, en el brillo de los picos nevados, en el balanceo de los copos dorados al brillo del sol, en el plateado de las olas en las noches de luna ve su belleza; en la dulce sonrisa de la virgen cortejada en las madrugadas, en el beso ansioso del amante que la reclama como su mujer, en los tiernos ojos de la mujer que descansa con su esposo, en la respuesta, en la mirada del esposo que responde a su mujer, en los labios que ríen del chico que juega en la playa, en la cálida protección que le brindan su padre y madre, en la invariable devoción entre amigos, en la fidelidad del camarada ve su amor. Tales son las "recordaciones" del místico, que es el verdadero significado de lo que mal se ha dado en llamar "miedo", que es el "comienzo de la sabiduría". Comprender esto, y de esta manera saberse uno con Dios, es la meta de la teosofía, así como de toda religión verdadera. Todo lo que se enseña está dirigido a esta finalidad.

Enseñanzas Teosóficas

Las doctrinas comunes de las religiones, que han sido creadas en todas partes y en todos los tiempos y por todos, forman el cuerpo de la doctrina promulgada por la teosofía y son la Existencia Una (el Dios Uno), que se manifiesta en el universo bajo tres aspectos ("personas", de persona o máscara); las jerarquías de seres superhumanos, devas, ángeles, arcángeles; la encarnación del espíritu en la materia, de la cual la reencarnación es la fase humana; la ley de acción y reacción: "Lo que el hombre siembra, cosechará"; la existencia de un sendero de perfección y de los hombres divinos; los tres mundos: físico, intermedio y celestial, y el cielo superior; la hermandad de la humanidad. Tales son las doctrinas directrices de la religión universal. Todas pueden probarse por la ciencia amplia, que investiga el mundo manifestado, sin excluir nada de su estudio, en la medida en que sus instrumentos puedan alcanzar. De aquí que la teosofía es en todas partes la defensora y cooperadora de las religiones que prestan servicios en sus propios dominios, y le señala al hombre que su fe es suficiente y lo urge a que profundice y espiritualice sus creencias antes de atacar las formas preferidas por otros. Es, por lo tanto, pacificadora entre credos en conflicto y portadora de amistosa buena voluntad y tolerancia donde quiera que vaya. Sabiendo que todas las religiones provienen de una sola fuente, la Hermandad Blanca, la animosidad entre creyentes tiende a desaparecer y también los virulentos ataques. Por eso podemos decir de la sociedad teosófica que: "Paz es su consigna y verdad es su meta".

El sendero de perfección y el hombre divino

Esta enseñanza, aunque fundada en todas las religiones, ha perdido mucho de su visión en los días que corren, aunque ha sido proclamada en la teosofía y, por lo tanto, puede ser ampliada aquí. Ha sido muy bien descrita en el hinduismo, en el budismo, en la cristiandad católica romana y en el sufismo (mahometismo místico), y sus características principales son idénticas en todas. El hombre que entrará en el sendero, debe reconocer la unidad como su meta, que ha de ser alcanzada por una profunda devoción a Dios y un inalterable servicio al hombre. La primera etapa es llamada purificación en los libros cristianos, y sendero de probación en los demás. El nombre cristiano señala el aspecto negativo, o sea, aquello de lo cual hay que liberarse; los no cristianos ponen énfasis en el lado positivo, es decir, el logro de cuatro "calificaciones", que son: 1) Discriminación entre lo real y lo irreal; 2) Desapasionamiento o carencia de deseos por lo irreal: 3) Seis joyas o buena conducta, que comprenden el autocontrol en la acción, la tolerancia, la persistencia, la confianza en el Dios interior y la ecuanimidad o equilibrio, y 4) Deseos de unión o amor. El logro parcial pero definido de estas "calificaciones" por el candidato lo conduce a la entrada del sendero de iluminación, usando el término cristiano, o del sendero de santidad, o simplemente el sendero, si se usa la terminología no cristiana. La teosofía sigue la nomenclatura antigua, que divide este sendero en cuatro etapas, a las cuales se entra por "iniciaciones", que son ceremonias conducidas por los miembros perfectos de la Hermandad Blanca bajo la aprobación de su cabeza. Ella le da al iniciado una expansión de consciencia y lo admite en un rango definido de la Hermandad; se le pide que se ponga al servicio, y es lo que técnicamente se llama salvo para siempre, es decir que no puede caer, ni aun temporariamente, fuera de la evolución durante su periodo de actividad. Cada iniciación sucesiva lleva consigo ciertas obligaciones definidas que deben cumplirse plenamente antes de la próxima etapa. La quinta iniciación "perfecciona" al hombre, cerrando su evolución humana. Mediante ella, deviene un espíritu liberado; ha alcanzado la otra orilla. Algunos continúan en nuestra Tierra para acompañar y guiar la evolución humana; otros cumplen otras tareas necesarias para ayudar a nuestra evolución y la de otros planetas dentro del sistema solar. Los que llamamos Maestros son los que están entre aquellos que permanecen en la Tierra, y constituyen el quinto grado de la Hermandad Blanca; hay otros grados más que se abren delante de ellos hasta alcanzar la cabeza de toda la jerarquía.

El gobierno del mundo

El mundo está dividido en áreas, cada una de las cuales tiene a un Maestro a la cabeza, quien guía sus actividades, selecciona a algunos hombres como sus instrumentos, los utiliza y los deja tranquilos cuando ya no son útiles, buscando siempre inspirar, guiar, atraer y verificar pero nunca dominar la voluntad humana. El gran plan será llevado a cabo, pero debe hacerse utilizando agentes libres, quienes persiguen ciertas metas que los atraen, como poder, fama, riqueza y otras. Allí donde el objetivo humano, de llevarse a cabo, acompaña el plan, se colocan oportunidades favorables en su camino y consigue lo que busca, cumpliendo de esta manera con una pequeña parte del plan sin saberlo. "Todo el mundo es un estadio y los hombres y mujeres, simples jugadores". Pero el drama está escrito por el divino artesano; los hombres sólo pueden elegir sus partes, cuya elección está limitada por el karma que han creado en sus pasados, lo que incluye sus actuales capacidades. Hay, además, grandes departamentos en el gobierno del mundo que incluyen todo el planeta. El departamento administrativo que regula los cambios sísmicos, la inmersión y la emersión de continentes, la evolución de las razas, subrazas, naciones y demás corresponde a los manús. Un manu es un hombre típico y cada raza raíz tiene su manu, que corporifica su tipo en su más elevada perfección. El departamento de enseñanza está encabezado por el Bodhisatva, o Cristo, el supremo instructor de dioses y hombres; funda las religiones directamente o a través de sus mensajeros, y pone a cada una bajo la protección de un Maestro, supervisando y bendiciendo todas. Cuando llega a Buda, deja la Tierra y le sucede otro Bodhisatva. Estos benditos seres son, en nuestra Tierra, vicerregentes del supremo señor, el Logos o Dios manifestado. Son sus ministros y cumplen con sus deseos, por lo que resulta que su mundo está guiado, protegido y asistido, en su lento rodar, por la larga carretera de la evolución, por sus pies.

65

SECCIÓN 5

La teosofía aplicada a los problemas sociales

Puede ayudarle al lector a comprender el valor de la teosofía en la dirección de la vida, si consideramos cómo puede aplicarse a la solución de algunos de los problemas más penosos que enfrentamos en el actual estado de la sociedad. Pueden extraerse muchas sugerencias de las civilizaciones fundadas y reguladas en el pasado por miembros de la Fraternidad Blanca, aunque, bajo las condiciones tan cambiadas que prevalecen hoy en día, deben encontrarse nuevas aplicaciones de los principios fundamentales. La fundación de una sociedad estable debe hacerse bajo las bases de la Fraternidad; los seres humanos necesitan felicidad y condiciones favorables para su evolución, y la sociedad tiene la obligación de poner a disposición un medioambiente que las proporcione. El nacimiento de un ser humano en una sociedad organizada trae consigo un clamor y origina un deber de la sociedad: el clamor del niño hacia sus padres y el deber de los padres hacia el niño. Este propio y natural clamor del joven hacia los mayores ha sido pervertido en la agresiva doctrina de los "derechos": los animales, los chicos, los enfermos, los ignorantes, los desamparados, todos tienen derechos, derechos a ser usados con mesura, protegidos, nutridos, enseñados, amparados. El fuerte, el maduro, tiene solamente deberes.

Las sociedades organizadas existen para la felicidad y el buen pasar de sus miembros, y allí donde falla en estos objetivos es *ipso facto* condenada. "Los gobiernos existen sólo para el bien de los gobernados", dijo Pitágoras predicando en el monte Tauromenion, y la frase ha repercutido durante siglos y se ha constituido en una clave para quienes buscan el mejoramiento de las condiciones sociales. Solamente cuando se aseguran estas condiciones, el estado merece la elocuente descripción con la cual el gran maestro cerró una de sus conferencias en la colonia griega Naxos, a cuyos habitantes reunidos en una colina les habló:

Escuchen, mis muchachos, lo que el Estado debe ser para un buen ciudadano. Es más que un padre y una madre, más que un marido o una esposa, más que un hijo o un amigo. El Estado es el padre y la madre de todos, es el esposo y la esposa. La familia es buena, y bueno es el regocijo del hombre en su mujer y en sus hijos. Pero más grande es el Estado, que es el protector de todos, sin el cual el hogar sería saqueado y destruido. Querido es para el buen hombre el honor de la mujer que lo soporta y querido el honor de la esposa cuyos hijos se hamacan sobre sus rodillas; pero más querido debe ser el honor del Estado que da seguridad a la mujer y al hijo. Del Estado proviene todo lo que torna próspera vuestra vida y os da belleza y seguridad. Dentro del Estado está construido el arte, que hace la diferencia entre el bárbaro y el hombre. Si el hombre valiente muere contento por el hogar, mucho más contento debería morir por el Estado.

Pitágoras es ahora el Maestro K. H., muy bien conocido en su vinculación con la sociedad teosófica, y cita el ideal teosófico del Estado, el padre-madre de sus ciudadanos, el protector de todos. En una sociedad organizada, el deber del Estado es asegurar a todos sus miembros el mínimo de bienestar —por lo menos comida, vestido, vivienda, educación, distracción—, que los capacite para desarrollar las facultades con las cuales vinieron a este mundo. No hay necesidad de que existan hambre y pobreza, sobreesfuerzos y falta de distracción, o falta de confort y medios para sus pasatiempos. El cerebro humano es suficientemente inteligente para planificar un sistema social en el cual cada uno de los ciudadanos tenga lo suficiente para disfrutar de una vida feliz; los únicos obstáculos son el egoísmo y los deseos. Tal sistema fue realizado hace tiempo con los reyes-iniciados que dirigieron la ciudad de Golden Gate, y en Perú; fue llevado a cabo en los tiempos del rey Ramachandra, como puede leerse en el Ramayana; fue hecho cuando el Manú dirigía la Ciudad del Puente. Sin embargo, debe ser planificado con sabiduría, no con ignorancia, y realizado con el amor y el sacrificio de los más poderosos, y no mediante la compulsión de los menos poderosos. El populacho puede hacer revoluciones, pero no puede construir un Estado.

Principios del nuevo orden

Basándose en el estudio del pasado, la teosofía puede establecer ciertos principios que son elaborados en sus detalles por los experimentados y educados. Tales principios son los siguientes: el gobierno debe estar en manos de los mayores, es decir, los más inteligentes, experimentados y mejores moralmente; la posesión de una habilidad y de un poder impone el deber de servir; la libertad trae la felicidad sólo al educado y autocontrolado; nadie que sea ignorante y sin autocontrol debe tener participación alguna en el gobierno de otros, tiene sólo las libertades que convienen al bienestar de la comunidad; la vida de éste debe ser tan feliz y útil como sea posible, bajo disciplina, hasta que pueda "caminar solo", de manera tal que su evolución pueda ser acelerada; la cooperación y la ayuda mutua deben sustituir a la competencia y la lucha, y cuanto menos recursos tenga el hombre en sí mismo, más medios para su regocijo deben ser puestos a su alcance por la sociedad.

Sugerencias

Las sugerencias que siguen son el resultado de mis propios estudios acerca de lo que se ha realizado en el pasado y de mis propios pensamientos sobre las condiciones presentes. Son sólo sugerencias, y muchos teósofos pueden estar en desacuerdo con ellas. Mi único deseo es señalar una línea de cambios en consonancia con las ideas teosóficas. La Hermandad demanda imperativamente cambios sociales fundamentales, y la rápida mejora del desasosiego, justificado por las condiciones de las clases que viven de las labores manuales, forzará un cambio antes de que pase mucho tiempo. La única pregunta es si los cambios se producirán mediante la sabiduría de ojos abiertos o mediante el ciego sufrimiento. En el presente, la sociedad está empeñada en seguir con este último plan. En las tierras de un país debe haber: 1) El regente, sus consejeros, oficiales de todos los grados, la administración de justicia, el mantenimiento del orden interno y la defensa nacional; 2) Religión, educación, entretenimientos, pensiones y cuidado de la salud, y 3) Todo aquello no incluido en 1 ni 2 y ganarse la vida con labores manuales, ya sea en la producción o distribución. La educación, libre y universal, debe ser la única ocupación del periodo entre los siete y los veintiún años de edad, de manera tal de que los jóvenes de ambos sexos, al alcanzar la madurez, estén listos para ser ciudadanos útiles y capaces, con sus facultades bien desarrolladas para llevar una vida honorable, independiente y respetuosa. La vida de trabajo (todos deben trabajar en una de las tres divisiones enumeradas) debe ir desde los veintiún años de edad a los cincuenta, a menos que se determine que con un término menor puede mantenerse la nación. Durante el resto de su vida, el ciudadano debe recibir una pensión, resultado de la acumulación del sobrante de su trabajo, y será consecuentemente un pago y no una dádiva; quedará libre para realizar las actividades que desee. La producción y la distribución deben ser organizadas por personas como las que acumulan enormes fortunas, que ahora son tan numerosas, y una vez abastecidos todos los involucrados en la producción y distribución, las ganancias deben de ir a los puntos anteriores 1 y 2; particularmente al último. La organización de la industria debe estar gobernada por la idea de que la mano de obra debe ser lo menos recargada que sea posible mediante unas adecuadas condiciones sanitarias y la sustitución de mano de obra por maquinarias en todas las tareas desagradables y peligrosas, como minería, drenajes y otras. Allí donde la mano de obra fuera necesaria en tareas de este tipo, para beneficio de la comunidad, las horas de trabajo deben acortarse en proporción con lo inadecuado de las tareas, sin disminución de la paga. Si debe realizarse la recolección de basura, por ejemplo, este trabajo debe mecanizarse tanto como sea posible; para los demás, sus horas deben reducirse y dárseles buena paga, pues la salud de la comunidad depende de ellos, y debe ponerse a su disposición recreación, alguna educativa y de refinamiento y otra de distracción pura. Ellos son una mano activa de la naturaleza, ayudándola en su tarea constante de transformar lo que es inútil y peligroso en el nutriente de una nueva vida y una nueva belleza. Deben ser considerados no como esclavos, sino como cooperadores de Dios. Se dice que son toscos y repelentes, más vergüenza es para nosotros, refinados y atractivos, que nos aprovechamos de su trabajo y que lo hemos hecho como es por nuestro egoísmo, nuestra indiferencia y nuestra dejadez.

La doctrina de la reencarnación aplicada a la educación nos conduce a ver en el niño un ego que ha llegado hasta nuestro cuidado durante el tiempo que tarda en crecer en su cuerpo, para que lo ayudemos a entrenarse para el propósito para el cual ha reencarnado. Si reconocemos que en el ego están engarzados todos los poderes acumulados en las vidas pasadas y que sus gérmenes están plantados en el nuevo cuerpo mental, entonces nos damos cuenta de toda la fuerza que tiene el dicho platónico de que "Todos los conocimientos son reminiscencias", y trataremos de extraer aquello que ya conoce y que puede estimular las facultades mentales en germen, imprimiendo al cerebro plástico. Nosotros no consideramos que el cuerpo del niño nos pertenece a nosotros, padres o maestros, sino que le pertenece al ego, y vemos nuestra obligación de ayudarlo a que tome completa posesión de él, trabajando desde afuera, mientras que él lo hace desde adentro, siguiendo cualquier indicación que nos dé acerca de la mejor orientación para su estudio, el camino más fácil para su progreso. Le damos al infante la mayor libertad compatible con su seguridad física, moral y mental tratando de comprender en todo y no coercionar. La aplicación detallada de estos principios puede leerse en el admirable librito *Educación y servicio*, de Alcyone.

71

La reencarnación, aplicada al tratamiento de criminales y de la clase menos desarrollada que está siempre en los límites de la criminalidad, sugiere una política totalmente diferente de la que aplica nuestra sociedad, que les da completa libertad de hacer lo que quieran, les aplica una pena cuando cometen una falta legal, los devuelve a la libertad después de un cierto término variable de confinamiento, y de esta manera les da una vida de libertad alternada con prisión, transformándolos en criminales habituales, derivándolos finalmente a "la divina gracia"; el hombre ha fallado por hacer nada bueno con ellos. A la luz de la reencarnación, sugiero que al criminal, que es un salvaje y que ha venido a una escuela, tengamos la obligación de tratarlo como a un niño en el sentido intelectual y moral, frenando de hacer daño a la bestia que tiene en su interior. Es posible reconocer a estas personas y a la clase casi criminal que está por encima de ellas desde su nacimiento, y así deben ser separadas en establecimientos educacionales especiales, darles la educación elemental que puedan asimilar y tratarlas amable pero firmemente, con muchos juegos y con formas toscas de labores manuales. Los maestros de estas escuelas deben ser voluntarios de las clases sociales más elevadas, con deseos de enseñar y jugar con los niños, capaces de despertar en ellos un sentido de admiración, apego y lealtad que evoca la obediencia. Deben ser quienes, obviamente, son sus superiores, si es que esto puede decirse. A partir de estas escuelas, deben ser orientados a pequeñas colonias brillantes, agradables, con negocios, juegos, música y restaurantes conducidos por la misma clase de personas. Deben tener de todo para que su vida sea agradable, excepto la libertad para tomarla de manera errónea y miserable. Estas colonias deben abastecer de mano de obra para las tareas más rudas, como las de minería, construcción de caminos, recolección de basura, carga de equipaje, etc., dejando que la gente decente actualmente empleada en esos menesteres quede en libertad para desempeñar tareas mejores. Algunos, como el criminal congénito verdadero o el salvaje, deben quedar toda la vida en esta situación, pero se irá de la existencia mucho menos salvaje de lo que ingresó. Algunos responderán al tratamiento y adquirirán suficientes habilidades y autocontrol como para quedar finalmente libres. La dificultad principal será la truhanería y la dejadez innatos porque el criminal es un holgazán, incapaz de tener una actividad constante. La escuela debe tratar de mejorarlo, haciendo que sea más agradable hacer lo correcto que cometer errores o no hacer nada. "El que no trabaja, tampoco come" es una buena máxima porque la comida se hace con trabajo, y el que, estando capacitado, lo rehúsa, no tiene derecho a reclamarla. Deben darse cheques por cada hora de labor cambiables en los negocios y restaurantes por las cosas necesarias para vivir, y el interesado puede hacer tanto o tan poco como quiera; el equivalente en necesidades y lujos será a su propia elección. Sólo es posible aquí señalar los lineamientos generales para la solución de este problema, y deben aplicarse métodos similares *mutatis mutandis* con las chicas y mujeres de los tipos correspondientes.

El karma, aplicado a las villas, verá en ellas el imán para la reencarnación de los espíritus de los tipos más bajos. Es sabio, así como también es una obligación, eliminar esas manchas de suciedad atractivas sólo para las multitudes más indeseables. A la luz de la teosofía, es una obligación de los mayores planificar y construir gradualmente ciudades con habitaciones decentes y espacios libres suficientes para poder instalar a los moradores de las villas. Éstas deben destruirse, y su suelo, empapado con la mugre de generaciones, debe de recubrirse de jardines. La mugre se transformará así en árboles y flores, ya que construir nuevas casas en ese suelo es una invitación a las enfermedades. Además, debe buscarse la belleza (se dice en la sección 2) como una necesidad de la vida y no como un lujo para unos pocos. La belleza refina y cultiva, y se reproduce a sí misma en las formas de los que viven bajo su influencia. La belleza en el vestido, en la casa, en la ciudad es una necesidad a gritos, como una fuerza para la evolución. No carece de significado que, antes de la presente era de maquinismo, cuando las personas estaban más rodeadas por las bellezas naturales de lo que están ahora, las ropas de cualquier clase eran hermosas, como todavía lo son en el Este; es natural en las personas buscar y expresar la belleza. Sólo cuando se las aparta lejos de la naturaleza, aceptan indiferentes la fealdad de las vestimentas y de los alrededores. Comparemos las vestimentas que se ven en las villas con las que se observan en los poblados hinduistas. Pueden escribirse muchos volúmenes sobre el tema de la aplicación de la teosofía a la vida, pero consideramos suficiente lo dicho dentro de nuestros límites.

73

SECCIÓN 6

Algunos detalles sobre sistemas y mundos

En la sección 3 se explicaron los principios básicos de la relación espíritu y materia. Puede ser interesante considerar algunos detalles. Es posible ver que el éter universal en nuestro sistema solar (y presumiblemente más allá, dado que hay muchos de tales sistemas) contiene innumerables burbujas exactamente similares en apariencia a las que surgen del agua, o espacios vacíos sólo encerrados por el agua que los rodea. Una pompa de jabón flotando en el aire es una pequeña porción de aire dentro de una lámina de agua jabonosa, pero las burbujas en el agua son pequeñas porciones de aire dentro de una masa de agua, sin película que las limite. Se mantienen como burbujas por la presión del agua que las contiene. De la misma manera, estas burbujas prosiguen como tales por la presión del éter que las rodea y no pueden escapar, sólo pueden permanecer siendo burbujas. Son "agujeros en el éter" o, como los llamó H. P. Blavatsky hace tiempo, "agujeros en el espacio", hechos por "fohat", el poder del Logos supremo. Los libros antiguos también hablan del gran aliento como su causa. La analogía es obvia, puesto que las burbujas pueden producirse por la respiración en el agua. Un científico francés, citado por Mr. Leadbeater, dice: "No hay materia, sólo hay agujeros en el éter", pero todo lo que llamamos materia es lo agregado a esos agujeros.

La construcción de los átomos
por la primera oleada de vida

El Logos de un sistema solar incluye un enorme fragmento del éter universal lleno de burbujas, como se dijo, dentro de su mencionado "círculo no se pasa"; las burbujas son visibles a la tercera esfera (espiritual) y puede notarse que él establece un gran remolino de fuerzas que junta las burbujas en una enorme masa. El tercer aspecto del Logos es el creativo y, a través de éste, Él envía la primera oleada de vida, como se llama, que construye los átomos a partir de las burbujas, luego agrega átomos y construye las moléculas, y finalmente hace con ellas los seis conjuntos familiares de combinaciones que en el mundo físico se denominan subatómico, supereterico, eterico, gaseoso, líquido y sólido. Estas burbujas originales separadas forman la materia de la esfera divina, mientras que la de la esfera monádica se hace por agrupamientos de las burbujas en átomos, los que se forman por un impulso de la oleada de vida del pensamiento creador y causan vórtices diminutos, cada uno de los cuales produce cuarenta y nueve burbujas. De esta manera se forman dos mundos interpenetrantes, el divino y el monádico; el primero de burbujas libres, el segundo de algunas de ellas combinadas en átomos, cada uno consistente en cuarenta y nueve burbujas. El segundo impulso de la oleada de vida separa una cantidad de esos cuarenta y nueve átomos burbujas, los disocia y los recombina en vórtices, cada uno de los cuales contiene 49^2 burbujas, los átomos del mundo espiritual. Un tercer impulso separa una masa de éstos de los restantes, los disocia y los recombina en vórtices, cada uno de los cuales contiene 49^3 burbujas, los átomos del mundo intuicional. De la misma manera, hay un cuarto impulso que produce los átomos del mundo mental, que contienen 49^4 burbujas; un quinto, que produce los átomos del mundo astral, que contienen 49^5 burbujas, y un sexto, que produce los átomos del mundo físico, con 49^6 burbujas. Así se forman las esferas interpenetrantes de siete tipos de materia, cada tipo es la base atómica de un mundo compuesto enteramente de combinaciones de sus propios átomos particulares. Cuando esta serie de átomos estuvo completa, fue enviado un séptimo impulso, lo que construyó agregaciones de átomos, un vasto número de combinaciones diferentes, los que a su vez entraron en otras combinaciones entre sí en un proceso de muchas edades, un periodo inconcebiblemente largo, durante el que la ardiente nebulosa se enfrió gradualmente y se dividió luego en un Sol central con varios planetas girando a su alrededor. Tal es el vasto trabajo del aspecto creativo del Logos solar, el "espíritu de Dios" que "movió sobre la superficie de las aguas" el éter, el eje de las montañas que surgieron de los océanos, de manera tal de que pudieran elevarse las cosas vivientes.

Las relaciones entre átomos y consciencia

Hay un punto de gran interés en la formación de los átomos que no debería omitirse. La vida del Logos es la fuerza arremolinante dentro del átomo, que mantiene juntas todas sus partes. Esta vida es la que da a los átomos su cualidad distintiva, su naturaleza esencial, que es un modo particular de la divina consciencia. Los hinduistas la llaman tatva o, traducido literalmente, "thatness" (la presencia de eso); tat o that es una expresión reverente del ser divino y thatness indica godness o naturaleza de Dios. Así, cada átomo tiene su godness o naturaleza divina. La medida de la vibración del átomo impuesta sobre él por la voluntad del Logos es el tanmatra o la medida de eso; tal es el eje de los átomos, líneas de pensamiento-fuerza del Logos, la divergencia angular de los cuales, dentro de los límites fijos de vibración, determina su forma superficial. Cada tipo de átomo tiene su tarea particular porque los estados de consciencia manifestados por el Logos dentro de su universo (lo que es afuera es algo que, salvo sus pares, nadie puede decir) son idénticos en cualidad, no en cantidad, a los estados de consciencia del hombre, la pálida imagen de su gloria. Es, por lo tanto, su consciencia dentro del átomo la que responde a nuestras consciencias, etapa tras etapa, y cada una de éstas refleja fielmente el material del átomo en la longitud de onda de sus vibraciones. Así, el átomo del mundo espiritual vibra en respuesta a los modos del espíritu por razones de similitud, ya que el espíritu es su vida; el del mundo intuicional, a los modos de la intuición; el del mundo mental, a los modos del intelecto; el del mundo emocional, a los modos de la emoción y la pasión; el del mundo físico, a los modos de la vitalidad. Cada cambio de consciencia en cualquiera de esos estados es respondido enseguida por un cambio de vibración en la materia correspondiente; cualquier vibración que se establezca en la materia es inmediatamente respondida por un cambio en el estado de consciencia. Por ejemplo, toda la materia de la esfera emocional o astral está compuesta por átomos, cuya vida es emoción, y cuya medida de vibración es correlativa a la emoción para expresar y responder a ella. Toda la enorme gama de emociones, pasiones y deseos son desplegados por la consciencia en esta materia, y la pura pasión y deseo, sobre esta materia solamente. Como la emoción es una mezcla de pasión y pensamiento, hay alguna mezcla de pensamiento-materia en la expresión de la emoción. La materia de la esfera mental está hecha con átomos conectados igualmente con el pensamiento; la vida es mentalidad y la medida de la vibración es correlativa al pensamiento para expresarla y responder a ella. De forma tan definida como en el mundo físico, la gama de sonidos está dentro de ciertos números vibratorios, y la gama de colores, dentro de otros, de manera que los pensamientos y las pasiones pueden sólo expresarse por la materia que vibra dentro de ciertos límites.

Cadenas

Una vez que este trabajo se realizó en una extensión suficiente como para que sean posibles los planetas en el sistema solar, se forma una serie de seis globos compuestos de materia de densidades varias para cada planeta. A esta serie se le llama cadena y durante su periodo de evolución pasa por siete etapas o vidas; hay, en consecuencia, una sucesión de siete cadenas, y a esta serie completa se le denomina esquema evolutivo, a cargo de una sublime inteligencia espiritual designada por los teósofos como Regidor de Siete Cadenas. Hay diez de ellas en nuestro sistema solar, pero solamente siete están en manifestación, regidas por los siete espíritus ante el trono de Dios, mencionados en la revelación de San Juan. Están en diferentes etapas de evolución, marcadas por la esfera de materia en la cual existe su globo inferior. Por ello, las cadenas neptunianas y terrestres tienen cada una tres globos en la esfera física porque ambos están en el punto más bajo de su descenso a la materia, en el medio o cuarta vida. Los siete globos de la cadena terrestre incluyen Marte, Tierra y Mercurio; los de la neptuniana, Neptuno y sus dos satélites. Quienes estén interesados en esta parte del estudio teosófico, deben recurrir a libros de mayor amplitud, porque es, naturalmente, muy complicado.

La construcción de formas por la segunda oleada de vida

Consideremos nuestra propia cadena. La evolución circula alrededor de una cadena siete veces y en cada uno de esos círculos se cumple lo que se llama una ronda. La fuerza evolutiva es llamada segunda oleada de vida, y es la vida enviada por el Logos a través de su segundo aspecto de sabiduría, el aspecto dual amor-sabiduría. Hablando en forma general, la oleada de vida desciende a través de las esferas de materia, ocasionando una diferenciación siempre creciente, y luego retorna, causando la reintegración en una unidad. Su primer trabajo es proporcionarle a la materia ciertas cualidades, dotándola como material para hacer cuerpos. Se vierte a sí misma en las tres clases más refinadas de materia, que constituyen la alta esfera mental. La materia, así infundida con la segunda oleada de vida, cuando es atómica es llamada esencia monádica, porque ya es apta para ser usada con el fin de abastecer a las Mónadas de átomos permanentes. Cuando es noatómica, como, por ejemplo, molecular, se llama esencia elemental, nombre tomado de los ocultistas medievales, el cual le fue aplicado a la materia de la cual está compuesto el cuerpo de los espíritus de la naturaleza, que denominaban elementales, dividiéndolos en clases que pertenecían a los "elementos" aire, fuego, agua y tierra. Los tres niveles superiores de la esfera mental son vistos como esencia elemental mental, el primer reino elemental. Todos los pensamientos-formas abstractos hechos con ella, y la grande y espléndida hueste de ángeles (bodiless devas) tienen cuerpos compuestos de esta materia. Los cuatro niveles inferiores de la esfera mental, infundidos por la segunda oleada de vida, forman el segundo reino elemental, con la cual están hechos los cuerpos de los ángeles inferiores (devas forma). Cuando la oleada de vida entra en el mundo astral, la materia atómica resulta esencia monádica astral, y la materia astral molecular, esencia elemental, el tercer reino elemental; los cuerpos de los ángeles menores (devas de pasión) y de muchos espíritus de la naturaleza están compuestos de ella. La oleada de vida pasa al mundo físico y realiza su tarea acostumbrada; los cuerpos de los espíritus de la naturaleza menores, como las hadas, gnomos y otros, están hechos de materia etérica infundida de esta manera. El reino mineral es el punto de inflexión en cuanto a densidad; allí se realiza la segunda mitad de la oleada de vida y se construyen los cuerpos de plantas, animales y hombres, ahora en el arco ascendente. Los cuerpos astrales y mentales también se construyen de esencia elemental en este arco ascendente, de aquí el conflicto que frecuentemente surge entre la vida del hombre y la vida en la materia de sus cuerpos. Esta última empuja hacia abajo, buscando una corporificación más y más gruesa, y una diferenciación más y más pronunciada; la otra aspira a lo superior y busca la unificación. San Pablo exclama sobre este conflicto: "Encuentro otra ley en mis miembros que actúa en contra de la ley de mi mente, empujándome hacia el cautiverio de la ley del pecado, que está en mis miembros". El hombre debe sujetar "la carne", porque la vida de ésta es evolutiva hacia abajo, en el arco descendente, y él está en la escala evolutiva ascendente, en el camino de la realización del espíritu.

80

La llegada de la Mónada por la Tercera oleada de vida

El punto en el cual el hombre verdaderamente se "individualiza" es cuando la Mónada y su rayo (espíritu, intuición e intelecto), que se ha estado incubando en el seno de las formas evolucionantes de la segunda oleada de vida, destella hacia abajo para llegar a la evolucionante vida corporificada, y se forma el cuerpo causal con materia del primer reino elemental en los altos niveles de la esfera mental. La Mónada humana también está sostenida en una corriente divina, la tercera oleada de vida, que proviene del Logos a través de su primer aspecto. Vemos entonces que el Logos envía tres ondas divinas de su vida a través de sus tres aspectos en forma sucesiva: la primera conforma y da contenido a la materia, la segunda le imparte cualidades y construye formas, la tercera hace descender a la Mónada para unirla con las formas preparadas por la segunda.

Razas, raíces y subrazas

Debemos ahora enfocar la atención a nuestro propio mundo. La evolución ha circulado alrededor de las series de globos, de los cuales nuestra

Tierra es el más denso; han quedado tres rondas atrás. La cuarta pasada
ha llegado a una distancia tal de la Tierra que está ahora evolucionando
bajo su influencia. Los minerales, las plantas, los animales, los hombres
todos evolucionan juntos, pero nos limitaremos al hombre. Siete razas
tipos de hombres evolucionan sobre nuestra Tierra durante esta etapa de
su vida. Los teósofos llaman a estos tipos razas raíces, y cada una tiene
su continente o configuración especial. Las primeras dos razas raíces han
desaparecido. De la tercera, la lemur, que ha florecido en el continente
de Lemuria, actualmente debajo del océano Pacífico en su mayor parte,
quedan raros ejemplares; los negros son sus descendientes por mezcla. La
cuarta, la atlante, se desparramó sobre la Tierra en el continente de la
Atlántida, que unía Europa occidental y África con la parte oriental de
América; ésta construyó algunas de las sorprendentes civilizaciones que el
mundo ha conocido, y la mayor parte de los habitantes del orbe pertenecen todavía a ella. La quinta, aria, es la que está hoy al frente de la humanidad. La sexta está todavía en el vientre del futuro, pero su continente está
empezando a formarse, y ocupará, aproximadamente, el lugar de Lemuria.
Las islas que ahora surgen en el Pacífico norte son un indicio del comienzo del trabajo que demandará cientos de miles de años. La séptima está
muy lejos todavía. Cada raza raíz se divide en siete subrazas; la cuarta está
dividida en rmoahal, tlavatli, tolteca, turania, semítica, akadia y mongolia.
La quinta raza raíz ha producido, hasta ahora, cinco subrazas: inda, árabe,
iraní, céltica y teutónica; la sexta subraza está recién empezando a surgir en
Estados Unidos. Cada raza raíz tiene, como prototipo y guardián de su evolución, a un gran ser llamado manu, nombre que deriva de *man* (hombre).
El manu es el hombre, el hombre tipo de la raza raíz. Los grandes tipos
raciales pueden verse poniendo juntos a un negro, un mongol y un ario.
Las diferencias en las subrazas se ven entre un alemán y un italiano. Puede
verse que se abre aquí un inmenso campo para el estudio, profundamente
interesante, aunque sin resultados inmediatos en lo que hace a la felicidad
y a la conducta humanas.

SECCIÓN 7

La sociedad Teosófica

La sociedad teosófica fue fundada en 1875 por la rusa Helena Petrovna Blavatsky y el estadounidense Henry Steele Olcott. La primera aportó su vasto conocimiento oculto y su total autosacrificio; pertenecía a una familia pudiente de la nobleza rusa. El segundo aportó su extraordinaria habilidad organizativa, ya probada antes en su país, en la purificación del departamento militar durante la guerra civil. Al comienzo, al reafirmar la sabiduría antigua en el mundo moderno, tuvieron que afrontar ráfagas furiosas de ridículo y descontento. Hoy en día, las ideas se han esparcido en todas las naciones civilizadas, y puede decirse, sin temor a caer en contradicciones, que actualmente influencia todo el mundo del pensamiento. La base de la sociedad es un poco peculiar; hay una sola cosa que liga a los miembros y es la aceptación de la Hermandad Universal. Sus objetivos son:

Primero: Formar un núcleo de Fraternidad Universal para la Humanidad, sin distinción de razas, credos, sexos, casta o color.

Segundo: Promover el estudio de las religiones comparadas, las filosofías y las ciencias.

Tercero: Investigar las leyes inexplicadas de la naturaleza y los poderes latentes en el hombre.

Puede verse que no se les pide a los miembros que crean o difundan las enseñanzas teosóficas. Se les deja totalmente libres para estudiarlas de la manera que elijan; pueden aceptar o rechazar sus enseñanzas, y quedan en la religión que estaban, ya sean hinduistas, parsis, budistas, hebreos, cristianos, mahometanos, etc., y su religión, si es que la sustenta fuertemente, debe colorear todas sus ideas. Si acepta las enseñanzas teosóficas, un devoto de alguna forma religiosa las presentará en su forma especial, y será absolutamente libre de hacerlo así, pero no insistirá en que ésta sea aprobada por otros. El experimento de formar un cuerpo profundamente religioso abierto a los miembros de cualquier religión es único y tiene éxito gradualmente, con muchas dificultades, ocasionales fricciones entre miembros que sostienen con vehemencia puntos de vista opuestos y pleno de discusiones acerca de detalles. La principal política a seguirse en cuanto a tolerancia, y la razón de esta política, ha sido formulada por mí de la manera que sigue, lo que no ha sido objetado por ningún miembro. Puede, en consecuencia, darse a conocer como representación de la opinión general: no se piden opiniones religiosas a las personas al asociarse, y no se permiten interferencias con ellas, pero se solicita a todos que observen hacia las religiones de sus amigos miembros el mismo respeto que reclaman para la suya. La sociedad no tiene dogmas y, en consecuencia, no hay herejes; no despide a ninguna persona por no creer en las enseñanzas teosóficas. Puede negar cualquiera de ellas, excepto la de la hermandad humana, y reclamar su lugar dentro de su rango. Los teósofos se dan cuenta de que, justamente porque el intelecto puede únicamente hacer su mejor trabajo en un ambiente de libertad, se verá mejor la verdad cuando no se hayan impuesto condiciones acerca del derecho a la investigación y los métodos de búsqueda. La verdad es para ellos algo tan supremo que no desean ligar a persona alguna a condiciones sobre cómo o dónde o por qué deben buscarla. El futuro de la sociedad depende del hecho de que debe incluir una vasta variedad de opiniones acerca de todos los asuntos sobre los cuales existen diferencias de opiniones; no es deseable que haya dentro de ella solamente una escuela de pensamiento, y es una obligación de los miembros resguardar esta libertad para sí y para otros. La sociedad teosófica sirve a la sabiduría divina, y su lema es: "No hay religión más elevada que la verdad". Busca en cada error el corazón de verdad en el cual vive y por el cual se apega a las mentes humanas. Todas las religiones, las filosofías, las ciencias, las actividades extraen de la sabiduría divina aquello que tienen de verdad y belleza, pero no pueden reclamarlo como propio o contra otros. La teosofía no pertenece a la sociedad teosófica, sino que ésta pertenece a la teosofía. La sociedad teosófica está compuesta de estudiantes que pertenecen a todas las religiones del mundo o a ninguna, unidos por la aprobación de sus objetivos y sus deseos de eliminar los antagonismos religiosos y reunir a las personas de buena voluntad, cualesquiera que sean sus opiniones religiosas, y con deseos de analizar las verdades religiosas y compartir los resultados de estos estudios. Su ligazón no es profesar una creencia común, sino una búsqueda y aspiración comunes por la verdad. Sostienen que la verdad debe ser encontrada por el estudio, la reflexión, la pureza de vida, la devoción hacia los altos ideales, y que ésta es un premio por el cual luchar y no un dogma impuesto por alguna autoridad. Consideran que la creencia debe ser el resultado del estudio o de la intuición individual, y no sus antecedentes, y que debe asentarse sobre el conocimiento y no sobre alguna afirmación. La tolerancia se extiende a todos, incluso a los intolerantes, no como un privilegio que entregan, sino como un deber que cumplen, y se busca eliminar la ignorancia, no penarla. Ven cada una de las religiones como una expresión parcial de la sabiduría divina y prefieren su estudio a su condena, y su práctica a su proselitismo. La paz es su palabra de pase, y la verdad, su meta. La teosofía es el cuerpo de verdades que constituyen la base de todas las religiones, y que no pueden reclamarse como posesión exclusiva de ninguna. Los miembros de la sociedad teosófica estudian estas verdades, y los teósofos procuran vivirlas. Todo el que esté dispuesto a estudiar, a ser tolerante, a tener una meta elevada y a trabajar con perseverancia, será bienvenido como miembro, y como tal es de su incumbencia llegar a ser un verdadero teósofo. Puedo agregar que la mayoría de nosotros consideramos que la sociedad teosófica es el resultado de un impulso espiritual enviado por la Fraternidad Blanca para evitarle a la humanidad sumergirse en el materialismo y preparar las mentes de los seres humanos para la restauración de las enseñanzas esotéricas de la religión. Es para nosotros el último de muchos de estos impulsos, los anteriores han estado corporificados en religiones separadas, en tanto que éste tiende a llevar a las religiones existentes a una amigable y unificada cooperación. Para nosotros, H. P. Blavatsky es una mensajera de la Hermandad Blanca, y muchos de nosotros, entre quienes me incluyo, sentimos hacia ella la más profunda gratitud porque nos abrió en esta vida una puerta que hemos atravesado hacia la presencia de los que la enviaron.

LA DOCTRINA
DEL CORAZÓN

Aprende a discernir lo real de lo irreal; lo efímero de lo eterno. Aprende, sobre todo, a separar el saber de la cabeza de la sabiduría del alma; los "ojos", del "corazón".

El desastre pende sobre la cabeza del hombre que pone la fe en los atavíos antes que en la paz de la vida interna, la cual no depende de los estados mentales o emocionales de la vida exterior. En efecto, cuanto más embarazosas las circunstancias y mayor el sacrificio respectivo de vivir entre ellas, tanto más cerca se halla uno de la meta final y lejos de la mismísima naturaleza de las pruebas a ser subyugadas. No es cuerdo, por lo tanto, dejarse atraer demasiado por ninguna manifestación exterior de la vida religiosa, pues todo cuanto se halla en el plano de la materia es efímero y fugaz y lleva al desengaño. Quienquiera que sea atraído fuertemente hacia cualquiera de las modalidades externas del vivir, tarde o temprano aprenderá la comparativa significación de todas las cosas externas; y cuanto más pronto pase por las experiencias requeridas por el karma del pasado, tanto mejor para él. Es desagradable en verdad verse repentinamente arrojado de su elemento, pero la copa que cura la torpeza es siempre amarga y debe beberse pronto si hay que erradicar la enfermedad. Cuando la suave brisa que viene del loto de sus pies susurra sobre el alma, entonces comprendes que las peores circunstancias inherentes no son lo suficientemente fuertes para malograr la encantadora música interna. Así como el europeo atraído por el ocultismo se siente más cerca de los Grandes Seres cuando pone sus pies en la India, tal se siente el indo cuando asciende a las nevadas alturas de Hawavat. No obstante, es completamente una ilusión, porque no nos acercamos a los Señores de la Pureza por medio de locomoción física, sino volviéndonos más puros y fuertes por medio del sufrimiento constante del pobre mundo alucinado con respecto a nuestros reverenciados Señores. Recordé estas palabras: "El silbido de la serpiente hace más daño al sublime Himavat que la calumnia y el abuso del mundo a algunos de nosotros". Si se admite alguna vez, como debe serlo por todos aquellos que tienen algún conocimiento de ocultismo, que hay huestes de agentes invisibles que constantemente toman parte en los asuntos humanos —Elementales y Elementarios de toda graduación que generan toda clase de ilusiones y se disfrazan de toda vestidura, y también miembros de la Logia Negra que se deleitan en engañar y alucinar a todos los novicios de la verdadera sabiduría—, uno debe reconocer también que la naturaleza, en su grande misericordia y absoluta justicia, debe haber dotado al hombre con alguna facultad de discernir entre las voces de esos habitantes aéreos y la de los Maestros. Imagino que todos aceptan que la razón, la intuición y la consciencia son nuestras más altas facultades, medios únicos por los cuales podemos diferenciar lo verdadero de lo falso, lo bueno de lo malo, lo correcto de lo incorrecto; de ello se desprende que todo lo que deje de iluminar la razón y satisfacer las más escrupulosas demandas de la naturaleza moral, no debe considerarse nunca como comunicación de los Maestros. Debe recordarse también que las palabras de los Maestros de la Compasión iluminan y expanden, nunca confunden y fatigan la mente; alivian, no perturban; elevan, no degradan. Ellos nunca usan métodos que marchitan y paralizan la razón y la intuición. ¿Cual sería el resultado inevitable si los Señores del Amor y la Luz forzaran a sus discípulos con comunicaciones repugnantes tanto para la mente como para el sentido de ética? La credulidad ciega tomaría el puesto de la fe inteligente; en vez del crecimiento espiritual, la parálisis moral seguiría dejando a los neófitos completamente desvalidos, sin nada que los guiara, constantemente a merced de ninfas juguetonas, y peor todavía: al capricho de todo malévolo Dugpa. ¿Es ésta la suerte del discipulado? ¿Puede ser tal el sendero del amor y la sabiduría? No creo que haya persona razonable que pueda creerlo por mucho ni poco tiempo, aunque momentáneamente se arroje sobre ella algún encanto que le haga tragar los más grandes absurdos.

Entre las muchas dudas que asaltan la mente del discípulo para causarle zozobra se halla la de si la debilidad física puede o no ser impedimento para el progreso espiritual. El proceso de asimilación del alimento espiritual no implica agotamiento de las energías físicas; el progreso espiritual puede proseguir aun cuando el cuerpo sufra. Es falacia enorme, debido a la falta de conocimiento y equilibrio, suponer que la tortura del cuerpo y la inanición lo vuelven receptivo a las experiencias espirituales. En virtud de hacer aquello que de la mejor manera puede servir al propósito de los Grandes Seres se alcanza progreso verdadero y continuo. Cuando el tiempo apropiado llega para que las experiencias espirituales sean grabadas en el cerebro de la consciencia, el cuerpo no ofrece obstáculo alguno. La pequeña dificultad que puede presentar podría ser eliminada en un segundo. Es un engaño pensar que un esfuerzo físico pueda adelantar el progreso espiritual, aunque sea un solo paso. El medio de acercarse a los Grandes Seres es hacer lo que siga más su deseo y, hecho esto, no es necesario hacer otra cosa.

Me parece que hay una dulzura característica en ser resignadamente paciente; en someter alegremente nuestra voluntad a los que saben lo mejor y que siempre guían directamente. No existe tal cosa como la voluntad personal, mientras Ellos hallan ocasión para trabajar por medio de el individuo en bien de otros. Él puede sentirse a veces como abandonado mientras está solo, pero siempre los hallará a su lado cuando hay trabajo que hacer. Periodos de noches pueden alternarse con periodos de días; y ciertamente está bien que la Oscuridad venga cuando nos afectará a nosotros solamente, aun cuando nuestro dolor personal deba intensificarse por ello. Sentir su presencia e influencia en verdad es la más divina de las dádivas imaginables, pero incluso eso debemos estar dispuestos a sacrificar; si renunciamos a lo que consideramos mejor y más elevado, el beneficio final del mundo se volverá más fácil de alcanzar. Trata de darte cuenta de la belleza del sufrimiento cuando éste solamente te haga más apto para el trabajo. Seguramente nunca debemos anhelar la paz si es que en la lucha el mundo debe recibir ayuda. Trata de sentir que, aun cuando la Oscuridad parezca estar alrededor de ti, no es real. Si en ocasiones Ellos se cubren con un velo exterior de indiferencia, de Maya, es solamente para derramar sus bendiciones con mayor abundancia cuando la estación sea oportuna. Las palabras no son de mucha eficacia cuando la Oscuridad prevalece, no obstante, el discípulo debe procurar mantener firme la fe en la proximidad de los Grandes Seres, y sentir que incluso cuando la luz se retira temporalmente de la consciencia mental, bajo la sabia y misericordiosa distribución de ellos crece diariamente en su interior. Cuando la mente se torna sensitiva otra vez, reconoce con sorpresa y alegría cuánto avanzó el trabajo espiritual sin haber tenido consciencia de los detalles.

Nosotros conocemos la ley. En el mundo espiritual, las noches de grandes y pequeños horrores invariablemente siguen al día, y el sabio, sabedor de que la Oscuridad es el resultado de una ley natural, cesa de impacientarse. Podemos estar seguros de que la Oscuridad también terminará.

Recuerda siempre que detrás de la espesura del humo está siempre la luz de los pies de loto de los grandes Señores de la Tierra. Permanece firme y nunca pierdas la fe en Ellos, y así no tendrás nada que temer. Podrás tener pruebas, y en verdad debes tenerlas, pero tienes que estar seguro de resistirlas. Cuando la Oscuridad, que pende como un manto sobre el alma, se disipa, entonces podemos ver que en realidad era una sombra fugaz. No obstante, esa Oscuridad en tanto que dura, es lo suficientemente real para ocasionar ruina a algunas almas nobles que no habían adquirido aún bastante fortaleza para resistir.

La vida espiritual y el amor no se acaban por el hecho de gastarlos. El gasto tan sólo aumenta el acopio y lo hace más rico y más intenso. Trata de ser tan feliz y estar tan contento como puedas, porque en el gozo está la vida espiritual real. La tristeza es solamente el resultado de nuestra ignorancia y de la ausencia de una visión clara. Así pues, debes resistir, tanto como puedas, todo sentimiento de tristeza, pues oscurece la atmósfera espiritual. Y aun cuando no seas capaz de detener completamente su aparición, no te dejes vencer completamente por él. Recuerda que en el mismo corazón del universo está la beatitud.

La desesperación no debe hallar lugar en el corazón del discípulo devoto, pues debilita la fe y la devoción, y de este modo provee campo para que las Fuerzas Negras combatan allí. Tal sentir es un hechizo que lanzan para torturar al discípulo y, si fuera posible, sacar provecho de esa ilusión para ellas. Aprendí por medio de la más amarga experiencia que la confianza en uno mismo es completamente ineficaz, aun engañadora, bajo pruebas de esta naturaleza, y que la única forma de escapar ileso de tales ilusiones es dedicarse completamente a Ellos. La razón de esto, asimismo, es completamente sencilla. Para que la fuerza sea efectiva en su oposición, debe estar en el mismo plano donde opera el poder que se quiere contrarrestar. Ahora bien, como esas dificultades e ilusiones no provienen del ego, éste es incapaz de actuar contra ellas. Proviniendo como provienen de las Fuerzas Negras, pueden ser neutralizadas solamente por los Hermanos Blancos. Por lo tanto, para seguridad es necesario someternos, cada uno de manera separada, y ser libres de todo ahamkara.[1]

---

[1] N. del T.: ilusión que consiste en creer que nuestro yo está separado del Yo Universal.

Conociendo como conocemos nuestra sociedad (la teosófica), todo movimiento de alguna importancia está bajo la vigilancia y la protección de fuerzas mucho más sabias y elevadas que nuestro pequeño yo, por lo que no debemos preocuparnos mucho acerca del destino final de ésta; contentémonos cumpliendo consciente y diligentemente nuestros deberes para con ella, desempeñando según nuestro leal saber y entender el papel que nos sea asignado. Sin duda, el cuidado y la abnegación tienen sus funciones propias en la economía de la naturaleza. En el hombre común ellas ponen a trabajar el cerebro e incluso los músculos en acción y, si no fuera por éstos, el mundo no habría llegado a la mitad del progreso alcanzado en los niveles intelectual y físico. Sin embargo, en cierta etapa de la evolución humana éstos son reemplazados por el sentido del deber y el amor a la verdad; y la claridad de visión e ímpetu para trabajar de tal manera nunca puede ser proveída por ninguna suma de energía molecular o vigor de nervios. Por consiguiente, despójate de todo desaliento y, con el alma vuelta hacia la Fuente de la Luz, trabaja animosamente con rumbo a ese gran fin por el cual estás aquí abrazando con el corazón a toda la humanidad, pero perfectamente resignado en lo concerniente al resultado de tu labor. Así lo enseñaron nuestros Sabios; así exhortó Shri Krishna a Arjuna en el campo de batalla, y así tenemos que dirigir nuestras energías. Mis propios sentimientos con respecto a los sufrimientos del mundo son precisamente idénticos a los tuyos. Nada me duele más que el ciego y frenético empeño con el cual una gran mayoría de nuestros hermanos del género humano se dedican a la búsqueda del placer de los sentidos, y la vista errónea y eternamente vacía que tienen de la vida. El espectáculo de esta ignorancia y locura me toca el corazón mucho más tiernamente que las penalidades físicas que la gente padece. Y, a pesar de que la noble oración de Rantideva me conmovió profundamente años atrás, con el vislumbramiento que desde entonces se me permitió en la naturaleza interior de las cosas, considero los sentimientos del Buda más sabios y trascendentales.

Y aunque gustosamente sufriría la agonía para aliviar las torturas a las que está sujeto un discípulo, no obstante, al observar bien tanto las causas como las consecuencias íntimas de los sufrimientos de un discípulo, mi aflicción por ellas no fue en intensidad la mitad de lo que es por causa de la miseria de esos ignorantes desventurados que inteligentemente pagan la mera pena de sus errores pasados. Las funciones del intelecto son simplemente la comparación y el raciocinio, el conocimiento espiritual está más allá de esa esfera de acción. Posiblemente estás harto de sutilezas en tu medioambiente actual, pero el mundo, después de todo, es solamente una escuela, una academia de entrenamiento, y ninguna experiencia, por penosa o ridícula que sea, carece de uso y valor para el hombre pensador. Los males con los cuales nos encontramos nos hacen más prudentes solamente, y los errores inexcusables que cometemos nos servirán bien en el futuro. Así pues, no debemos quejarnos de ningún acontecimiento por intrascendente que parezca.

El karma, según enseñan el Gita y el Yoga Vasishtha, significa actos y voliciones procedentes del vasana o el deseo. Se encuentra distintamente establecido en esos códigos de ética que dictan que nada que se haga como puro cumplimiento del deber; nada que obedezca a un sentido de, digámoslo así, "deber ser", puede manchar la naturaleza moral del actor, aun cuando esté equivocado en la concepción de lo que es deber y decoro. El error, por supuesto, tiene que ser expiado por medio del sufrimiento, el cual será en proporción a las consecuencias del error, pero ciertamente no puede manchar ni degradar el carácter del jivatma (el ego individualizado).

Es conveniente usar todos los acontecimientos de la vida como lecciones que se convertirán en ventajas; el dolor causado por la separación de amistades que queremos puede usarse de esta forma. ¿Qué son el tiempo y el espacio en el plano del espíritu? Ilusiones del cerebro, entidades irreales únicamente, que adquieren apariencia de realidad debido a la impotencia de la mente, involucros que aprisionan el jivatma. El sufrimiento solamente da impulso más potente y fresco para vivir del todo en el espíritu. La buena voluntad nos viene al fin a cada uno de nosotros como resultado del dolor, por lo tanto, no debemos murmurar; más aún, sabiendo que ninguna consecuencia puede ocurrirles a los discípulos que no sea la voluntad de sus Señores, debemos considerar todo pequeño incidente como un paso hacia el progreso espiritual, como un medio hacia ese desarrollo interno que nos habilitará para servirles mejor, así como a la humanidad.

Si podemos servirles solamente, si en medio de todas las tormentas y conflagraciones nuestra alma se vuelve a los pies de su loto, ¿que importan el dolor y los sufrimientos que éstos puedan infligir a nuestras vestimentas transitorias? Comprendemos un poco la significación interna de esos sufrimientos, estas vicisitudes de las circunstancias externas: que cierta suma de dolor sobrellevado significa igual suma de mal karma eliminado; que cierta cantidad de fuerza ganada en el servicio significa lección bien aprendida. ¿No son suficientes estos pensamientos para sostenernos en medio de cualquier suma de tales miserias ilusorias? ¡Qué dulce es el sufrimiento cuando se sabe y se tiene fe; qué diferente de las desdichas del ignorante, el escéptico y el incrédulo! Casi podríamos desear que todo el sufrimiento y toda la miseria del mundo fueran nuestros a fin de que el resto de nuestros semejantes pudieran ser liberados y ser felices. La crucifixión del Señor Jesucristo simboliza esta fase de la mente del discípulo. ¿No lo crees así? Solamente sé firme siempre en la fe y la devoción, y no te desvíes del sagrado sendero del loto y la verdad. Ésta es tu parte, el resto lo harán por ti los compasivos Señores a quienes sirves. Tú sabes todo esto, y si lo repito es solamente para fortalecer tu conocimiento, pues a menudo olvidamos algunas de nuestras mejores lecciones y en tiempos de dificultades el deber de un amigo es recordarte tus propios asertos antes que inculcarte nuevas verdades. Es así como Draupadi solía consolar a su sabio esposo Yudhisthira cuando algún horrendo infortunio momentáneamente caía en la Tierra con su acostumbrada serenidad, y también así Vasishtha recibió alivio y consuelo cuando estaba desgarrado por los golpes de la muerte de sus hijos. ¡Verdaderamente indecible es el lado de Maya de este mundo! ¡Qué bello y romántico por una parte y, sin embargo, qué terrible y desdichado por la otra! Sí, Maya es el misterio de todos los misterios, y quien ya comprendió a Maya, ya encontró su propia unidad con Brahman, que es la suprema bienaventuranza y la suprema luz.

La preciosa imagen de Kali de pie sobre Shiva postrado ilustra la utilidad (el uso más elevado) de la ira y el odio. La complexión negra representa la ira; con la espada, ella significa también proeza física; toda la vista quiere decir que, mientras el hombre tiene ira, odio y fuerza física, debería usarlos en la supresión de las otras pasiones, en la masacre de los deseos de la carne. Ella representa, asimismo, lo que realmente ocurre cuando la mente se vuelve por primera vez hacia la vida superior. Hasta allí carecemos aún de sabiduría y equilibrio mental, y, por lo tanto, quebrantamos los deseos con nuestras propias pasiones; dirigimos nuestra ira contra nuestros vicios y así los subyugamos; empleamos igualmente nuestro orgullo contra las indignas tendencias del cuerpo y también contra las de la mente, y de esa forma subimos al primer peldaño de la escala. Shiva postrado nos enseña que, cuando uno está comprometido en una guerra como ésta, no tiene en cuenta los más elevados principios; más aún, el atma los pisotea, y hasta no haber vencido al último de los enemigos de su Yo, no llega a reconocer su actual posición durante la batalla con respecto a atma. De este modo, Kali halla a Shiva a sus pies solamente hasta después de haber matado al último Daitya, la personificación de ahamkara, y entonces ella se ruboriza ante su furia insana. En tanto que todas las pasiones no hayan sido subyugadas, debemos usarlas para su propia exterminación, neutralizando la fuerza de una con la otra, y solamente así podremos, al principio, lograr destruir el egoísmo y alcanzar el primer vislumbre de nuestro verdadero atma (Shiva dentro de nosotros), al que desconocemos mientras los deseos rugen y crujen en el corazón.

Bien podemos siempre poner de lado nuestro miope deseo personal a fin de servirlos a Ellos con fidelidad. Mi experiencia es que, solamente siguiendo su guía, uno evita siempre algún peligroso precipicio hacia el cual inconscientemente corría. Difícil parece por el momento desprenderse de cuanto nos gusta, pero sólo el gozo resulta de tal sacrificio. No hay entrenamiento mejor que los pocos breves años de nuestra vida cuando, al impulso de puros desengaños, buscamos abrigo ante los benditos pies de los Señores, puesto que en ninguna otra parte hay lugar para el descanso; entonces crece en el discípulo el hábito de pensar siempre que su único refugio está en Ellos, y cuando no piensa en Ellos, se siente desdichado. Así, desde la misma oscuridad de la desesperación aparece una luz que nunca se extingue. Aquellos cuyos ojos penetran las vastas lejanías del futuro, veladas a los ojos mortales, han hecho y harán lo que sea mejor para el mundo. Se deben sacrificar los resultados inmediatos y las satisfacciones temporales si la finalidad tiene que asegurarse sin riesgo de fracaso. Cuanto más queramos que sean ciertas las posibilidades de éxito final, tanto menos debemos anhelar los días de la cosecha. Solamente en virtud del dolor podemos alcanzar la perfección y la pureza; únicamente a costa del dolor podemos hacernos servidores dignos del huérfano que incesantemente llora por alimento espiritual. La vida es digna de poseerla solamente cuando la sacrificamos a los pies de Ellos. Regocijémonos por el hecho de tener oportunidades para servir en la gran causa por medio de sacrificios personales, pues tal sufrimiento puede ser usado por Ellos para atraer a la pobre errante humanidad un pequeño paso hacia lo alto. Cualquier dolor que un discípulo puede padecer es prenda de igual ganancia para el mundo; debe, por lo tanto, sufrir con buena voluntad y alegremente, puesto que ve un poco más claramente que los ciegos mortales por quienes sufre. En todo el curso de la evolución hay una ley tan dolorosamente evidente, aun a los ojos del más inexperto, según la cual todo cuanto sea digno de adquirirse no se obtendrá sin el sacrificio correspondiente. Quien renuncia todo sentir del yo, y hace de sí mismo un instrumento para que trabajen con él las Divinas Manos, no debe temer las tribulaciones y dificultades del riguroso mundo. "Según Tú diriges, así trabajo yo"; ése es el camino más fácil para salir de la esfera del karma individual, pues quien pone todas sus facultades a los pies de los Señores, no aumenta karma para él mismo, y así, según Shri Krishna, promete: "Yo tomo sobre mí el saldo de tus cuentas". El discípulo no debe pensar en el fruto de sus acciones, como enseñó el Gran Maestro Cristiano: "No te preocupes por el mañana".

105

No permitas que los impulsos guíen tu conducta. El entusiasmo pertenece al sentimiento, no a la conducta. El entusiasmo en la conducta no tiene lugar en el ocultismo verdadero, pues el ocultista debe ser dueño de sí. Una de las cosas más difíciles en su vida es mantener el balance a un nivel, poder que emana de la penetración espiritual real. El ocultista tiene que vivir más en la vida interna que en la externa: siente, comprende y sabe más y más pero exhibe menos y menos. Aun los sacrificios que tiene que hacer pertenecen más al mundo interno que al externo. En la ordinaria devoción religiosa todo el sacrificio y la fuerza de que nuestra naturaleza es capaz se usan adhiriéndose a lo externo y en superar el ridículo y las tentaciones del plano físico, pero éstas deben servir para mayores objetos en la vida del ocultista. Debe considerarse la proporción y subordinarse lo externo; en pocas palabras, nunca ser peculiar.

Así como el hamsa toma la leche solamente y deja el agua donde ambas están mezcladas, el ocultista extracta y retiene la vida y la quintaesencia de todas las diversas cualidades, y arroja las cáscaras donde están alojadas.

¿Cómo pueden las personas suponer que los Maestros deben intervenir en la vida y las acciones de los individuos, argüir que no existen o discutir su indiferencia moral porque no intervienen? Con igual razón, la gente podría poner en duda la existencia de alguna ley moral en el universo y argumentar que la existencia de iniquidades y prácticas infames en la humanidad es contra la suposición de tal ley. ¿Por qué olvidan que los Maestros son jivanmuktas, que laboran con la ley, se identifican con ella y que, en efecto, son el mismo espíritu de ésta? No hay motivo para sentirse doloridos, pues el tribunal al que nos sometemos en asuntos de consciencia no es la opinión pública, sino nuestro Yo Superior. Una batalla como ésta es la que purifica el corazón y eleva el alma, y no la furiosa lucha hacia la cual nuestras pasiones o acaso "la justa indignación", o lo que se ha llamado "justo resentimiento", nos impelen. ¿Qué son para nosotros las inquietudes y las dificultades? ¿No les damos la bienvenida así como a los placeres y las facilidades? ¿No son nuestras mejores entrenadoras y educadoras, llenas de saludables lecciones? ¿No nos incumbe, por lo tanto, ir con más equilibrio a lo largo de todas las mudanzas de la vida y las vicisitudes de la fortuna? ¿Y no sería mayor descrédito para nosotros si dejáramos de preservar la tranquilidad mental y el equilibrio emocional que deberían siempre caracterizar la disposición del discípulo? Ciertamente él debería permanecer sereno en medio de las tormentas y tempestades exteriores. Éste es un mundo completamente enloquecido si miramos su exterior solamente, no obstante, ¡qué engañadora es su locura! Es la verdadera demencia, donde quien la padece ignora su condición; más aún: se cree perfectamente sano. ¡Oh!, si la armonía y la música que reinan en el alma de las cosas no fueran perceptibles para nosotros, para nuestros ojos que han sido abiertos a la completa locura que penetra la corteza exterior, qué intolerable nos sería la vida. ¿Acaso no piensas que no es completamente agradable estar triste aun cuando estás obedeciendo los deseos de nuestros Señores y estás en el desempeño de tu deber? Debes tener no solamente paz y satisfacción, sino también alegría y vivacidad cuando los sirves a Ellos, cuyo servicio es nuestro más grande privilegio y cuya memoria es nuestro más verdadero deleite.

108 Que Ellos nunca nos olvidan es tan cierto como la muerte, pero es nuestro deber unirnos a Ellos con real y profunda devoción. Si nuestra devoción es real y profunda, no hay la más remota casualidad de que caigamos lejos de sus santos pies. Tú sabes lo que significa una real y profunda devoción; sabes tan bien como yo que nada que no sea completa renuncia de la voluntad personal, el anonadamiento absoluto del elemento personal en el hombre, puede constituir bhakti propio y genuino. Solamente cuando toda la naturaleza humana está en perfecta armonía con la divina ley; cuando no hay una nota discordante en parte alguna del sistema; cuando todos los pensamientos, ideas, imágenes, deseos y voluntarias e involuntarias emociones de uno vibran en contestación, en completa concordancia con el Gran Aliento, se alcanza el verdadero ideal de devoción, y no antes de ello. Nos elevamos más allá de la posibilidad de fracaso sólo cuando se ha llegado a esa etapa de bhakti, la única que asegura progreso perpetuo y éxito indudable. El discípulo no fracasa debido a la falta de cuidado y amor de parte de los grandes Maestros, sino que, a pesar de esos desvelos, a causa de su contumacia y debilidad innata. Y no podemos decir que la contumacia sea imposible en quienes muestran ideas de separatividad impregnadas, a lo largo de eones, de ilusorio pensar y corrupción, y aún no erradicadas completamente.

No debemos engañarnos de ningún modo. Algunas verdades son ciertamente amargas, pero el camino más cuerdo es conocerlas y hacerles frente. Deleitarse en un fantástico paraíso es solamente cerrar la puerta del verdadero Eliseo. Es verdad que si nos sentamos deliberadamente para descubrir si existe o no en nosotros algún rastro de separatividad o personalidad, o algún deseo de contrarrestar el curso natural de los acontecimientos, podemos no hallar motivo ni razón alguna para dicha aseveración o deseo. Si sabemos y creemos que la idea de aislamiento es mero producto de Maya, que la ignorancia y los deseos personales emanan solamente del sentimiento de aislamiento y que son la raíz de todas nuestras miserias, no podemos menos que rechazar con desdén esas falsas e ilusorias nociones cuando razonamos en o acerca de ellas. Pero si analizamos los hechos actuales, nos observamos todo el día y tomamos notas de las varias modalidades de nuestro ser, variables con las diferentes circunstancias, una conclusión diferente se impondrá por sí misma en nosotros y hallaremos que la comprensión actual en nuestra vida de nuestro conocimiento y creencia es todavía un lejano incidente, y que ocurre solamente por un breve momento tal vez, cuando se nos olvida completamente el cuerpo o cualquier otro medio material y estamos completamente absortos en la contemplación de lo divino; más aún, cuando nos hallamos sumergidos en la divinidad misma.

Para nosotros, gracias a la merced de los Señores, las cosas de la Tierra son más sencillas e inteligibles que para el hombre del mundo, y es por eso que con anhelo dedicamos las energías de nuestra vida a su servicio. Toda actividad, caridad, benevolencia, patriotismo —el cínico dirá con alegre desdén— es permuta; es pura cuestión de concesiones mutuas. Pero el más noble aspecto que aun esta desdeñada honradez mercantil —estrictamente interpretada y aplicada a las más elevadas esferas de la vida— presenta a las miradas superiores, está más allá del alcance del mofador arrogante, y así, él se ríe y desecha la honradez, denominándola "mercantil", y el mundo tonto y festivo, ávido de un poquito de alegría, ríe con él y lo llama "hombre sagaz e ingenioso". Si miramos la superficie de esta maravillosa esfera nuestra, nada sino tristeza y tenebrosidad cubrirán nuestra alma, y la desesperación paralizará todo esfuerzo tendiente a mejorar tal condición, pero si observamos en lo más hondo, todas las inconsistencias se desvanecen, todo parece bello y armonioso y el corazón se llena de alborozo y alegría, y con liberalidad abre sus tesoros al universo circundante. Así pues, no debemos sentirnos descorazonados ante ningún panorama amenazador que veamos, ni lamentar la locura ni la ceguedad de los hombres en cuyo medio hemos nacido.

Hay leyes de moral fijas, así como existen leyes físicas uniformes. Estas leyes de moral pueden ser violadas por el hombre, pues está dotado de individualidad y de la libertad a ella inherente. Cada una de esas violaciones se convierte en fuerza moral en dirección opuesta a aquello hacia lo cual la evolución se encamina y es inherente al plano moral; en virtud de la ley de reacción cada una posee la tendencia de evocar la operación de la ley correspondiente. Ahora bien, cuando estas fuerzas opuestas se acumulan y adquieren forma gigantesca, la fuerza de reacción se vuelve necesariamente violenta y resulta en revoluciones morales y espirituales, guerras piadosas, cruzadas religiosas y reacciones semejantes. Amplía esta teoría y comprenderás la necesidad de la aparición de avatares sobre la Tierra.

Qué fáciles se vuelven las cosas cuando se nos abren los ojos; inversamente, cuán incomprensibles parecen cuando la visión espiritual es ciega, nebulosa e inactiva. La naturaleza, en su infinita generosidad, ha provisto al hombre en los planos exteriores de facsímiles exactos de su funcionamiento interno, y en verdad, quienes tienen ojos para ver, pueden ver; y los que tienen oídos para oír, pueden oír. Qué intenso es el anhelo de llevar auxilio al alma que sufre en sus horas de horrenda prueba de melancólica oscuridad. Pero la experiencia muestra a quienes han pasado por pruebas similares, que es mejor para aquéllos no percibir en ese tiempo la ayuda que les es dada, y que sean agobiados por el triste sentir de la soledad y estar totalmente desamparados. Si fuera de otra manera, la mitad de los efectos de la aflicción se perdería, y la fortaleza y el conocimiento que siguen a cada una de tales tribulaciones tendrían que adquirirse durante años y años de andar a tientas y tambaleando. La ley de acción y reacción opera en todas partes... A aquél cuya devoción es completa; es decir, aquél que en hecho como en pensamiento consagra todas sus energías y todo cuanto posee a la Suprema Deidad y se da cuenta de su propia insignificancia, así como de la falsedad de la idea de separabilidad, sólo a ese no se les permite a las Fuerzas de la Oscuridad acercársele, y su alma está protegida de todo peligro.

Debes interpretar que el pasaje del Gita en el cual quizá estés pensando significa que nadie que haya despertado en sí el sentimiento de devoción puede apostatar por siempre, pero no hay garantía para él contra aberraciones temporales. En un sentido, todos los seres vivientes, desde el ángel más sublime hasta los más insignificantes protozoarios, están bajo la protección del Logos y su sistema, y son llevados, a través de varias etapas y modalidades de existencia, de regreso a su seno a gozar allí las bendiciones de la moksha por una eternidad.

Lo exterior siempre revela lo interior a los ojos que ven, y los lugares y las personas son siempre interesantes. Por otra parte, lo exterior no es aquello tan vil y despreciable como puedes imaginar durante la primera intensidad y agudeza de vairagya, o disgusto expresado, pues si fuera así, toda la creación sería un desatino y un derroche de energía sin propósito. Sin embargo, sabes que, de hecho, no es así; que, por el contrario, hay una filosofía sabia y profunda aun en estas ilusorias manifestaciones y vestiduras externas, y que Carlyle, en su obra *Sartor Resartus*, ha mostrado una parte de esta filosofía. ¿Por qué entonces retirarnos con desagrado y horror incluso de los más indeseables desechos? ¿No son también benditas y llenas de sabias lecciones las vestiduras con que la Suprema Divinidad se disfraza? Con razón dicen que todas las cosas, tersas e impuras, tienen un lugar apropiado en la naturaleza y que por su misma diferencia y variedad constituyen la perfección del Supremo Logos.

¿Por qué debe cortarse la comunicación con el mundo interno causando melancolía y pesadumbre en el corazón? Porque el exterior tiene todavía algunas lecciones que enseñar, y una de ellas es que él también es divino en su esencia, divino en su substancia y sus métodos, y que, por lo tanto, debes serle más bondadoso. Por otra parte, la tristeza y la melancolía tienen su uso y filosofía: se necesita de ellas para la evolución y el brote tanto del alma humana como del gozo y el encanto. Sin embargo, son necesarias solamente en las primeras etapas de nuestro crecimiento, y podemos seguir sin ellas cuando el ego ya floreció y abrió su corazón al divino sol.

Sabes cómo opera la evolución: comenzamos sin sensación alguna, gradualmente la desarrollamos y en cierto punto de nuestra peregrinación la poseemos en el grado más intenso. Luego viene un periodo en el cual se considera la sensación como Maya, y así comienza a disminuir y el conocimiento predomina, hasta que al fin éste incinera toda la sensación, y entonces poseemos absoluta paz, pero no en la nesciencia, como en los comienzos de nuestra vida en el reino mineral, y sí en la omnisciencia; paz, no en la completa apatía como si fuera la muerte, tal como la vemos en las piedras, sino en vida absoluta y total amor. Esto halla descanso porque da vida a todo lo que es y derrama sus bendiciones en todo el universo. Pero los extremos se tocan, y así, en uno de los aspectos, los principios coinciden.

Deseo aclarar dos puntos: 1) Que la psique no entrenada siempre corre el riesgo de promover cosas realmente dichas por el enemigo como si fueran preceptos del Maestro, y 2) Que el Maestro no dice nada que el intelecto de su auditorio no pueda comprender y contra lo cual no se rebele su sentido de moral. Las palabras del Maestro, por mucho que se opongan a los pensamientos previos de uno, nunca dejan de llevar consigo la más absoluta convicción tanto al intelecto como al sentido de moral de la persona a quien van dirigidas. Ellas vienen como revelación y rectifican un error que inmediatamente se torna evidente; fluyen como columna de luz que disipa la melancolía y no demandan credulidad o fe ciega.

Bien conoces todo lo que el enemigo ha estado trabajando contra nosotros, y si no cumplimos con la devoción a los Maestros o el desempeño de
las obligaciones que Ellos han tenido a bien encomendarnos, él nos dará
dificultades sin fin. Pero no hacemos mucho caso de tales inconvenientes,
podemos sobrellevarlos con eterna paciencia y sin incomodarnos. Lo que
tortura y perturba nuestra tranquilidad mental es arrancarnos del lado de
nuestros Señores, con lo cual, de cuando en cuando, estamos amenazados.
Ninguna otra cosa puede atormentarnos, ningún dolor personal, ninguna
pérdida física, por grande que sea su intensidad, pues sabemos, sin duda
alguna, que todo cuanto es persona es transitorio y fugaz; que todo cuanto
es físico es ilusorio y falso, y que nada sino el destino y la ignorancia lloran
por las cosas que son del mundo de las sombras.

Poco gana el discípulo de las enseñanzas en el plano intelectual. El conocimiento que desciende del Alma hacia el intelecto es el conocimiento único digno de poseerse, y tan seguro como la sucesión de los días, el acervo de conocimiento del discípulo crece. Con el aumento de tal conocimiento viene la eliminación de todo lo que es un obstáculo en el sendero.

117

La vía del dolor es una a la cual llega a acostumbrarse quienquiera que vive la vida del Espíritu. Nosotros sabemos que el dolor no puede durar por siempre, y aun cuando durara, no importaría mucho. Nosotros no esperamos ser de mucho servicio a los Maestros o a la humanidad, sin tomar de los enemigos nuestra completa medida de sufrimiento. Pero la ira de los Monarcas de la Oscuridad es a veces terrible de encarar, y ellos lo aterran a uno con el Maya que en ocasiones crean. Pero el corazón puro no tiene nada que temer y está seguro del triunfo. El discípulo no debe afligirse a causa del dolor temporal y la ilusión que ellos tratan de crear. Hay ocasiones en que ellos parecen ejecutar continuos estragos internos, y entonces él tiene que sentarse sobre las ruinas, en espera paciente del momento en que el asúrico[2] Maya se retire. Siempre debe dejar que las olas de la duda y la inquietud pasen sobre él manteniéndose firme en el áncora que encontró. El enemigo no puede causar daño real o considerable en tanto se mantenga devoto a Ellos con toda su alma y fortaleza. "Quien se une a Mí, fácilmente cruza el océano de la muerte y del mundo por medio de mi ayuda."

---

[2] N. del T.: ilusión diabólica.

Nada puede sucederle al discípulo que no sea para su bien. Una vez que una persona deliberadamente se pone en las manos de los benévolos Maestros, ellos se cercioran de que todo suceda en su debido tiempo; tiempo en el cual se obtengan las ventajas más grandes, tanto para el discípulo como para el mundo. Por lo tanto, jovial y alegremente, él debe aceptar todo cuanto le suceda, sin pensar en el mañana. La corteza agitada por el mar enfurecido se halla más en paz que la vida del peregrino en marcha hacia el templo del Espíritu. Una vida pacífica significaría estancamiento y muerte en el caso de alguien que no haya adquirido el derecho a la paz en virtud de la completa destrucción del enemigo: la personalidad.

No debes caer en las falacias que comete el ignorante. Todo amor verdadero es atributo del Espíritu, y prana y bhakti son dos aspectos de la divina prakriti (la naturaleza), la que hace digna de vivir la vida al aspirante a las aguas de la inmortalidad. En la tempestuosa oscuridad de la vida del discípulo, la única luz viene del amor, pues éste y la ananda (el arrobamiento), en el sentido más elevado, son idénticos, y cuanto más puro y espiritual es el amor, tanto más participa en la naturaleza de ananda y menos se mezcla con elementos discordantes. Solamente el santo amor del Maestro es tan majestuosamente sereno al extremo de no existir nada en que no participe de lo divino.

Discreción y economía son tan necesarias en ocultismo como en toda esfera de actividad. En efecto, en la vida del ocultista todas las facultades de la mente humana consideradas como virtudes en el sentido corriente son puestas al uso y ejercicio más grandes, y son aditamentos necesarios de la vida real, la única que sola puede formar al discípulo. No puede ayudarse al mundo tan fácilmente como lo imaginan muchos, aunque hubiera más agentes. El conocimiento de parte del discípulo no es el único que se necesita. Mira alrededor y reflexiona antes de decidir si el conocimiento y la devoción de los pocos pueden acelerar las manos del reloj. Ni la menor tentativa puede hacerse sin provocar la hostilidad feroz del otro lado. ¿Y el mundo está preparado para sobrevivir a la reacción? Seguro comprenderás cuán sabios son nuestros Señores al no ir más lejos de lo que van si solamente aprendes de todo cuanto has visto.

¿De que valdría la vida si no sufriéramos; sufrir para volver más puro al mundo que lanza quejidos ante nuestros ojos; sufrir para ganar un poquito más de las aguas de la vida con que matar la sed de algunos labios resecos? En efecto, a no ser por el sufrimiento, que es el destino del discípulo que con pies sangrantes va por el sendero, él podría descarriarse y perder de vista la meta en la cual sus ojos deben estar siempre fijos. El Maya del mundo fenomenal es tan turbador, tan fascinador, que me parece que a la eliminación del dolor debe inevitablemente seguir el olvido de las realidades de la existencia, y que, con la desaparición de la sombra de la vida espiritual, su luz desaparecería también. En tanto el hombre no haya sido transformado en Dios, es inútil esperar hallarse en no interrumpido gozo de la bienaventuranza espiritual, y en tiempos de su ausencia solamente el sufrimiento mantiene firmes los pies del discípulo y lo libra de la muerte, que seguramente le llegaría con el olvido de la realidad del mundo espiritual.

El discípulo no debería inquietarse ni sorprenderse cuando las fuerzas espirituales dirigidas contra él por el adversario encuentran su campo de acción en un plano más elevado que el del intelecto físico. Es verdad que las ascuas moribundas en alguna grieta invisible y oscura pueden, de acuerdo con su propia naturaleza, ser agitadas y convertidas en llama, pero la llama es algo que forma la señal de la destrucción final de alguna debilidad que debe ser incinerada. En tanto que la mancha de la personalidad no se lave y desaparezca, el vicio en sus múltiples formas puede encontrar abrigo en alguna parte olvidada del corazón, aunque no halle expresión en la vida mental, y la única manera de volver inmaculado el santuario del corazón es dejar que los rayos de luz del proyector penetren en las oscuras grietas y presenciar con calma el trabajo de su destrucción. El discípulo nunca debe permitir que ese proceso purificador lo haga desmayar, cualesquiera que sean las monstruosidades que deba presenciar; debe mantenerse firme a los pies del que mora en la gloriosa región purificadora de todo lo que es material, entonces no tendrá nada que temer ni que le cause ansiedad. Tiene fe en Ellos, que lo protegen y ayudan, y hace bien en dejar las actividades del plano espiritual a su cuidado y dirección. Cuando el oscuro ciclo termine, percibirá el brillo del oro cuando la escoria se haya calcinado. En esta mundana esfera nuestra, como en todos los planos de existencia, la noche se alterna con el día (aún hay sombras bajo la misma lámpara). Sin embargo, ¡cuán extraño que los hombres de cultura y erudición fantaseen con que, con el avance de la ciencia, de la tosca ciencia materialista, las miserias individuales, raciales y nacionales terminarán para siempre y por siempre con enfermedades, plagas y sequías, guerras e inundaciones; más aún, que cataclismos, todos serán cosa de un pasado remoto!

El interés que tenemos en todos los asuntos de esta efímera esfera pertenece solamente a las emociones y al intelecto, y no puede tocar el Alma. En tanto que nos identifiquemos con el cuerpo y la mente, las vicisitudes que agobian a la sociedad teosófica y los peligros que amenazan su vida o solidaridad pueden ser influencia deprimente para nuestro espíritu (influencia frenética en ocasiones). Pero tan pronto como vivamos en el espíritu para comprender la naturaleza ilusoria de la existencia externa, el carácter cambiante de todo organismo humano y la inmutabilidad de la vida interna, sea que la consciencia cerebral refleje o no el conocimiento, sentiremos calma interna y despreocupación, si tal vale decir, en este mundo de sombras, y permaneceremos inafectados por las revoluciones y erupciones de la Tierra. Una vez que se ha llegado al Ego Superior, el conocimiento de que las leyes y los poderes que gobiernan el universo son infinitamente sabios se vuelve instintivo, y la paz en medio de las angustias externas es inevitable.

Hablando corrientemente y de un modo general, en el plano en que vivimos hay tres puntos de vista para considerar la miseria en general; por ejemplo: 1) Como prueba o ensayo del carácter; 2) Como agencia de retribución o justo castigo, y 3) Como medio de educación en el sentido más amplio de la palabra. Al examinar estos puntos, viene a la mente la resistencia "mortal" al dolor (experimentada a veces por algunos aspirantes), muy parecida a la relación idéntica que hay entre el confinamiento aislado y la prisión con trabajo forzado. Sin duda alguna, esta ilustración es un tanto cruda, no obstante, me parece muy sugestiva, pues descubrí que la analogía es buen auxilio en la comprensión de lo abstracto y las proposiciones sutiles: tal es el motivo de este plan para explicar las cosas. Otra vez, todas las fuerzas operan aquí hacia la evolución de una humanidad perfeccionada, y es solamente por medio del desarrollo armonioso de todas nuestras facultades superiores y nobles virtudes que podemos alcanzar la perfección. Este desarrollo armonioso es posible solamente mediante el ejercicio apropiado de esas facultades y virtudes, mientras que dicho ejercicio, a su vez, requiere condiciones particulares para cada atributo distinto. El sufrimiento intenso y positivo no prueba ni compensa ni pone en actividad las mismas aptitudes y méritos de la humanidad como un pesado y melancólico vacío interno. Paciencia, sufrimiento resignado, fe, devoción, se desarrollan mejor durante una lobreguez mental que durante una lucha dura y activa. La ley de acción y reacción se aplica en el plano moral, y las virtudes evocadas por ese "embotamiento" mental son las más apropiadas para combatirlo y vencerlo, y ciertamente no son las mismas con las cuales confrontes el dolor actual, por atormentador que sea. Una palabra más sobre este asunto y continuaré: ese estado mental indica que el peregrino está en la línea divisoria entre lo conocido y lo desconocido con definida tendencia al segundo. Ella marca un grado definido de crecimiento espiritual e indica el estado en que el alma, en su marcha progresiva, vaga, pero inequívocamente ha comprendido el carácter evasivo del mundo material, está insatisfecha y disgustada con las cosas groseras que ve y conoce, y ansía cosas más reales, conocimiento más sustancial. La explicación precedente, aun cuando sucinta e inconexa, espero que te satisfaga respecto de la utilidad de vairagya (del sentir la ausencia total de la vida y la realidad tanto en ti como en el mundo que te circunda) en la economía de la naturaleza, y te muestre cómo sirve de criterio para la firmeza mental y la sencillez del corazón; de qué manera, como medida punitiva, actúa como antídoto contra el egoísmo intelectual —el inexcusable error filosófico de identificar el ego con la personalidad—, la locura de tratar de nutrir el alma con grosero alimento material; y, además, cómo ella desarrolla o tiende a desarrollar la verdadera fe y devoción y despierta la Razón Superior y el amor de lo divino.

De lo alto a lo bajo, la vida es una alteración entre el movimiento y el reposo, entre la luz y la oscuridad, entre el placer y el dolor. Así pues, nunca permitas que tu corazón se hunda en la desesperación ni dejes que lo arrastre cualquier corriente de pensamiento adversa; ya lo comprobaste intelectualmente, y en la actualidad experimentas el fantástico e ilusorio carácter de las cosas perceptibles por los órganos sensoriales y aun por la mente, y la efímera naturaleza de todos los placeres físicos y emocionales. Mantente firme, por lo tanto, en la senda que te llevará a una visión de la verdadera vida, por escabrosas que sean las regiones por donde ella deba cruzar, por privados de alegría que sean los desiertos que de cuando en cuando atraviese. Sobre todo, ten fe en los compasivos Maestros, con alma y corazón dedícate a su servicio y todo tendrá buen fin.

128

Todo lo necesario para la extirpación de cualquier vicio es: 1) Conocimiento exacto del vicio en sí mismo; 2) El reconocimiento: un agudo sentir de que es un vicio, que es una necesidad mantenerlo y que es indigno, y, finalmente 3) La voluntad de "exterminarlo". Esa voluntad penetrará en la esfera subconsciente donde mora el vicio y, pausadamente pero con certeza, lo exterminará.

La verdadera tranquilidad mental nunca es producto de la indiferencia y la impasibilidad, ella puede proceder solamente de la introspección alta y profunda de la sabiduría.

129

El discípulo de la Gran Logia de Ellos, por humilde que sea, debe vivir en lo eterno, y su vida tiene que ser la vida del amor universal, de lo contrario, debe abandonar sus altas aspiraciones. El servicio activo que cada discípulo debe prestar al mundo es diferente para distintas clases de estudiantes, y está determinado por la naturaleza peculiar, la disposición y la capacidad del individuo. Por supuesto, sabes que mientras no se alcance la perfección, deberá mantenerse la variedad aun en el modo de servicio que el chela debe llevar a cabo.

Simplemente es imposible presuponer la eficacia de la verdad en todas sus fases y conexiones en la obra de impulsar el avance de la evolución del alma humana. Debemos amar la verdad, buscarla y vivirla, sólo así el estudiante de ocultismo puede ver la Divina Luz, la que es verdad sublime. Dondequiera que haya la menor inclinación hacia la falsedad en cualquier forma, allí hay sombra e ignorancia y su prole: el dolor; esta inclinación hacia la falsedad pertenece a la baja personalidad, sin duda. Aquí nuestros intereses chocan; aquí la lucha por la existencia está en plena acción, y es aquí, por lo tanto, que la cobardía, la improbidad y el fraude encuentran un campo amplio. Los "signos y síntomas" del funcionamiento de este yo inferior no pueden nunca permanecer ocultos para quien ama y busca sinceramente la verdad y siente devoción por los Grandes Seres en lo íntimo de su conducta. A menos que el corazón sea perverso, las dudas acerca de la rectitud de cualquier acto en particular nunca dejarán de hallar coyuntura, y entonces el verdadero discípulo se preguntará: "¿Complacerá a mi Maestro que yo haga tal o cual cosa?", "¿Fue orden suya que yo actuara de tal manera?". La verdadera respuesta se asomará pronto, y aprenderá entonces a enmendar su línea de conducta y armonizar sus deseos con la Divina Voluntad, y más tarde alcanzará la paz y la sabiduría.

La teosofía no es cosa que pueda arrojarse y martillarse (por grado o por fuerza) en la cabeza o el corazón de cualquiera. Debe asimilarse con facilidad en el natural curso de la evolución; debe ser aspirada e inhalada como el aire que nos rodea, de lo contrario, valiéndose de una expresión común, causaría indigestión.

Al sentir el crecimiento de la propia alma, uno se da cuenta de que los acontecimientos externos parecen no tocarla. Esto, una vez más, es la mejor prueba del desarrollo espiritual, y quien lo sienta, por insignificante y leve que sea, no necesita preocuparse por ningún fenómeno de ocultismo. Desde el comienzo de mi noviciado, se me enseñó a confiar más en la calma interior que en los fenómenos de los planos físicos, astral o espiritual. Teniendo condiciones favorables y fuerza en sí mismo, mientras menos fenómenos ve uno, más fácil es alcanzar real y sustancial progreso espiritual. Así, mi humilde consejo para ti es que siempre dediques tu atención al crecimiento de la calma interna y no al deseo de conocer con detalle el proceso por medio del cual se efectúa el crecimiento. Si eres paciente, puro y devoto, lo conocerás todo con el tiempo, pero recuerda siempre que la alegría perfecta y resignada es el alma de la vida espiritual.

134

El progreso espiritual no es siempre el resultado de actos de bondad y sacrificio, aunque estas cualidades serán las primeras en ser alcanzadas a su debido tiempo.

Es verdad que, en el deseo de ganar el afecto de las personas a nuestro alrededor, hay un matiz de personalidad que, si fuera eliminado, nos haría ángeles, pero debemos recordar que en el transcurrir de un futuro largo, muy largo, nuestras acciones se verán matizadas por un leve sentir del Yo. Nuestro esfuerzo constante debe ser eliminar, matar aquel sentimiento tanto como sea posible. No obstante, como el Yo se mostrará de alguna forma, sería mucho mejor que existiera como factor inapreciable de una conducta noble, afectuosa y conducente al bienestar general, en vez de que el corazón se vuelva duro; que el carácter en general se torne anguloso; que el yo se manifieste en colores mucho menos atractivos y bellos. Ni por un momento sugiero con esto que no se hagan esfuerzos para borrar esa leve mancha, lo que quiero dar a entender es que el bello ropaje que sirve de vestidura a la mente no debe arrojarse al fuego simplemente porque su blancura no es inmaculada. Debemos tener en mente que todas nuestras acciones son más o menos el resultado de dos factores: el deseo de la complacencia de uno mismo y el deseo de beneficiar al mundo, y nuestro esfuerzo constante debería ser atenuar el primer elemento en todo cuanto sea posible, puesto que tal vez no sea completamente eliminado hasta que deje de existir el germen de la personalidad, el cual podrá ser matado por medio de procesos que el discípulo aprenda, a medida que progrese, con la devoción y las buenas acciones.

Los Maestros están siempre cerca de aquellos servidores suyos que, por medio de la renuncia de sí mismos, se han dedicado en cuerpo, mente y alma a su servicio. Aun una palabra bondadosa dirigida a Ellos no queda sin recompensa. En tiempos de severa prueba, de acuerdo con una benéfica ley, Ellos suelen dejar que el discípulo, cualquiera sea su sexo, luche solo en la batalla y sin su ayuda, pero, sin duda alguna, cualquiera que dé valor a su servidor recibirá su recompensa.

Al conservarse sereno y desapasionado, no hay duda de que, tal como los días pasan, uno se acerca más y más a esa influencia que es la esencia de la vida, y un día el discípulo se sorprenderá de haber crecido maravillosamente sin conocer ni percibir el proceso del crecimiento, pues, en verdad, el alma, en su verdadero crecer, "crece como la flor, inconscientemente", pero gana dulzura y belleza al embeber la luz solar del Espíritu. La lealtad combativa a persona o causa alguna es escasamente recomendable en el discípulo, y ciertamente no es indicio de progreso espiritual.

El primer paso, en casi todos los casos, tiene el efecto de perturbar un panal de avispas. Todos los sobrantes de tu mal karma te rodean y se te adhieren firmemente, y volverían voluble y trémulo a quien no supiera mantenerse firme. Pero aquél cuyo máximo objetivo sea el de dar su vida por otros si fuera necesario, sin preocuparse por sí mismo, no tiene nada que temer. Las sacudidas de los altos y bajos de esa vorágine de miserias y tribulaciones dan fuerza y confianza, y forjan el crecimiento del alma.

Recuerda que el sufrimiento por el cual el discípulo tiene que pasar es porción de su entrenamiento y emana de su deseo de quebrantar la personalidad en él. Y al final él se dará cuenta de que la flor de su alma se embellece más encantadoramente, pues la tormenta sobre la cual ha triunfado y el amor y la benevolencia del Maestro compensan con creces todos sus sufrimientos y sacrificios. Es una prueba momentánea solamente porque, a fin de cuentas, él no sacrificó nada y lo ganó todo.

El amor, en el más elevado de los planos, reposa sólo en las serenas alturas del júbilo, y nada puede hacer sombra en su nívea eminencia.

Piedad y compasión son los sentimientos apropiados que tenemos que abrigar respecto de la humanidad que yerra, y no debemos dar cabida a otras emociones tales como el resentimiento, la molestia o el vejamen. Éstas pueden no solamente hacernos daño a nosotros mismos, sino también a aquellos por quienes las sentimos; más aún: a los que desearíamos hacer mejores y librar de errores. A medida que crecemos espiritualmente, nuestros pensamientos aumentan increíblemente en poder dinámico, y nadie sino quienes en realidad lo han experimentado saben que incluso un pensamiento pasajero de un iniciado encuentra forma objetiva.

142

Sorprende cómo las Fuerzas de la Oscuridad parecen arrastrar completamente, en una ráfaga, todos nuestros tesoros espirituales. Es sorprendente porque, después de todo, es una ilusión, y uno se da cuenta de que es así de rápido como la paz se restablece y la luz alborea otra vez sobre uno. Te das cuenta de que no has perdido nada, pues todos los tesoros están allí, y la tormenta y la pérdida son tan sólo una quimera.

Por desgarradoras que las perspectivas en ocasiones parezcan, por tenebroso y triste que el estado de cosas sea, no debemos ni por un momento dar lugar a la desesperación, pues ésta debilita la mente y así nos vuelve menos aptos para servir a los Maestros.

143

Ten por seguro que los Señores de la Compasión están siempre pendientes de sus verdaderos devotos y nunca permiten a los corazones rectos ni a los que diligentemente buscan la luz permanecer por ningún tiempo en la ilusión; los sabios Señores extraen, aun de las depresiones temporales, lecciones que les sirvan con oportunidad a los devotos el resto de su vida.

Es simplemente nuestra ignorancia y ceguera las que dan la apariencia de extrañeza e ininteligibilidad a nuestro trabajo. Si llegamos a ver las cosas en su verdadera luz y en su amplia y profunda significación, todo aparecerá perfectamente justo y claro y como la más perfecta expresión de la razón superior. En todo el conjunto de la vida manifestada no existe la menor pizca de dolor y miseria que no sea absolutamente necesaria para los fines de la más alta evolución, pues se deriva directamente de la ley de justicia y compensación (la ley del karma y el gobierno moral del universo). Cada acto de abnegación de parte de las mónadas humanas fortalece las manos de los Maestros y trae refuerzo, podría decirse, a las Fuerzas del Bien, y se hará manifiesto antes de que nosotros seamos cosa del pasado (por lo menos, una buena parte de la raza presente).

146 No nos sería de mucho beneficio si supiéramos exactamente y con detalle lo que nos acontecerá, pues los resultados no nos interesan, sólo debemos tener cuidado de nuestro deber; en tanto veamos claro nuestro camino, es de poca importancia el resultado de los pasos que tomamos en este plano. La vida interna es la verdadera vida, y si la fe en la guía de nuestros Maestros es firme, no debemos tener duda de que, cualesquiera que sean las apariencias en esta esfera ilusoria, todo marchará bien en el interior y el mundo irá adelante en su línea de evolución. Hay bastante alivio en esta idea; hay consoladora bendición en estos pensamientos, y esto debería ser suficiente para vigorizarnos en el cumplimiento de nuestros deberes actuales y estimularnos para una mayor actividad y una labor más ardua.

Hay una gran diferencia entre quien sabe que la vida espiritual es una realidad y el hombre que solamente balbucea acerca de ella sin percibirla, que
intenta asirla sin lograrlo, y no inhala su fragante aliento ni siente su tacto.

147

Hay mucho más sabiduría en Ellos, que nos vigilan, de lo que somos capaces de imaginar, y si solamente pudiéramos poner nuestra fe en esto, no caeríamos en inexcusables errores y estaríamos seguros de evitar innumerables y aun innecesarias zozobras, pues no pocos de nuestros yerros podrían rastrear su origen en el exceso de ansiedad y terror, mucha tirantez de nervios e incluso fervor excesivo. Puedes ver ahora que la devoción sincera es un factor poderoso en la promoción del crecimiento del alma, aun cuando no se vea ni se comprenda por el momento, y no me acusarás de decirte que hagas a un lado toda idea de fenómenos y conocimiento espiritual, poder psíquico y experiencias anormales, pues en el sereno sol de la paz toda flor del Alma sonríe y crece, rica en su radiante color peculiar. Y luego vendrá el día en que el discípulo mire con asombro la belleza y fragancia delicada de cada flor, se regocije, y regocijándose comprenda que esa belleza y ese resplandor emanan del Señor a quien él ha servido. El proceso del crecimiento no es el trillado y detestable artículo de los embusteros en ocultismo; es algo misterioso, tan dulce, tan sublime, que nadie puede hablar de ello, pero puede conocerlo solamente por medio del servicio.

Has probado algunas gotas de las ambrosíacas aguas de la paz y, al probarlas, hallaste fortaleza. Debes saber ahora y para siempre que en la quietud del Alma reside el verdadero conocimiento y que la fuerza proviene de la divina tranquilidad del corazón. La experiencia celestial de la paz y el gozo es, por lo tanto, la sola vida espiritual, y únicamente el crecimiento en la paz significa el crecimiento del alma. Presenciar fenómenos anormales con los sentidos físicos sólo puede incitar la curiosidad, pero no promover el crecimiento. Devoción y paz forman la atmósfera donde mora el Alma, y la mayor suma que de ellas poseas determinará la mayor suma de vida que tu alma tenga. Depende siempre, por lo tanto, de las experiencias de tu Yo Superior como prueba de tu progreso, así como también de la realidad del mundo espiritual; no des importancia a los fenómenos físicos, los que nunca son, ni jamás deben ser, fuente de fortaleza y consuelo.

Los humildes y devotos servidores de los Maestros forman, en realidad, una cadena por medio de la cual cada eslabón conduce hacia los Señores de la Compasión. La solidez de la trabazón de cada eslabón con el próximo significa, por consiguiente, la fuerza de la cadena que siempre nos lleva a Ellos. Así pues, nunca se debería caer en el engaño popular de considerar como una debilidad el amor que tan ampliamente participa de lo divino. Aun el amor común, si es verdadero, profundo y generoso, es manifestación elevada y pura del Ego Superior, y si se abriga en el pecho con constancia y deseo de sacrificio de sí mismo, lleva en definitiva a la comprensión clara del mundo espiritual más que cualquier otro acto o emoción humana. ¡Y qué hay del amor que tiene por base la común aspiración de alcanzar el trono de Dios, qué de la oración conjunta para sufrir por la ignorante y descarriada humanidad y qué de la mutua promesa de sacrificar la propia felicidad y comodidad por el mejor servicio de los que constantemente con sus bendiciones están construyendo un baluarte entre las terribles fuerzas del mal y la indefensa huérfana! Pero todas las ideas del mundo están tergiversadas por el egoísmo y la vileza de la naturaleza humana. Y si en el amor hubiera debilidad, no sé dónde se encuentra la fortaleza. La fortaleza verdadera no consiste en la lucha y la oposición, se encuentra todopoderosa en el amor y la paz interna. Así, el hombre que tiene interés en vivir y crecer debe amar y sufrir por el amor. ¿Cuándo fue que el mundo, ciego en su ignorancia y envanecimiento, hizo justicia amplia a sus verdaderos salvadores y a sus más devotos servidores? Es bastante que uno vea (y con ese acto de ver intente despertar hasta donde sea posible) los errores de la gente que lo rodea. El deseo de que todos tengan ojos para ver y reconocer el poder que labora por su regeneración debe permanecer incumplido hasta que la presente lobreguez, que pende cual manto que oscurece la visión espiritual, haya sido levantado completamente.

❧

La sabiduría del Corazón,
de Saint Germain,
se imprimió en enero de 2024,
en Corporación de Servicios Gráficos
Rojo, S. A. de C. V. Progreso 10, col. Centro,
C. P. 56530, Estado de México.